3年後の
カラダ計画
Love Body Planning

槇村さとる

幻冬舎

はじめに

炭水化物抜きダイエット、寒天ダイエット、マイクロダイエット、断食道場、ダンベル、エステの痩身《そうしん》コース、にがりダイエット、ファイバー系カロリーカット、アミノ酸系サプリ……。その他にもいっぱい～。

二〇代、三〇代の頃はひたすら痩《や》せたい、キレイになりたいという一心であらゆるダイエットをやっていました。痩せさえすれば幸せになれると思い込んでいたんですね。子どもでした。でも、そんな私も三〇代後半を迎え四〇代になって……と年を重ねるにつれて、二の腕とか足首とかウエストについた贅肉《ぜいにく》にびっくりして慌てるのではなくて、もっと根本的なところでダイエットにのぞんでいる自分に気づきました。

一週間断食して、はい、二キロ減りましたとか、彼氏が欲しいから三週間で五キロ落としましたとかではなくて、毎日の暮らしを少しでもよくしたい、カラダ全体のことをもっと考えたいという気持ち……。明日までの二キロ減量を目指すのではなくて、三年後、五年後、一〇年後の自分を想像しながら、どんな自分になりたいのかを考えながら、イメー

はじめに

ジしながら、ダイエットに取り組むようになったのです。体重を減らすという目的だけではなくて、自分なりに戦略やビジョンを持って、生活の基盤である「健康」を格上げしていこうという気持ちが芽生え始めたのだと思います。

自分がこれからどんなふうに変わっていきたいのか、ということに敏感になる。そしてどのように変わっていくかを注意深く観察してみる。単純に体重計の数字を追うのではなくて、カラダ全体の状態を主体的に捉《とら》えることが、三〇代、四〇代、五〇代の「大人ダイエット」ではないかと思っています。

二〇〇六年のお正月を迎えるとき、ひとつ決心しました。「五〇歳を迎える今年の一〇月の誕生日まで約九カ月間、とことん自分のカラダと付き合ってみよう」と。体重計に一喜一憂する「お子ちゃまダイエット」ではなくて、「なりたい自分」をイメージしながら、五六キロを目標五〇キロまで減量しよう！　ちょうどその頃、体力の衰えや体調の悪さも気になっていたところでした。安心できる「健康」を保ちながら、減量＝美を手に入れることができないだろうか……。そんな思いで「大人ダイエット」を開始しました。

やってみてわかったのは、一時的な減量自体はそう難しくはないということでした。食事を制限して運動すれば体重は減る。でも物足りなかった。「主体的」に健康を捉える域には、到底達している感じがありませんでした。結果、二〇〇八年五月現在、この「大人ダイエット」は続行中です。途中で極限（?）の仕事モードに入ってしまって三カ月間まったく体重計に乗らない時期もありましたが、そんなブランクを挟みながらも、日々体重計に乗り、スリーサイズを測って、記録をとり続けています。試した健康法・ダイエット法は五〇を下りません。

いろいろ試してみると、一見良さそうな健康法でも自分には効かなかったり、効いても好きになれなくて続かないものも多い。逆に自分に合う健康法・ダイエット法は続けていると、いつのまにか日常の一部となって生活に組み込まれてくる。本書は、この二年あまりの間にどのようなことを考えて、どんなことをやったのか、そして今の時点で導き出せた、私なりの健康と美の「法則」をまとめたものです。

私の大人ダイエットはまだしばらく続くでしょう。長いスパンでじっくり、ゆっくり、経験と知恵を重ねていきたいです。

次の日に結果が出なくて、うーん、がっかり。でも諦めないよ〜ん。そう。大人はしぶといのです。

contents

ブックデザイン 松岡史恵（niji-sora graphics）
撮影 吉原朱美

大人ダイエットの記録

酵素に目覚めた私は『病気にならない生き方』や免疫学の本などを読みあさり、とうとう2月半ばからコーヒーエネマを始めました(p.46-49)。そして3月にはフィットフォーライフに出会います。果物のナマ食やジュースを飲むようになり(p.46-59)、カラダの調子がすごくよくなった!

新谷弘実・著『病気にならない生き方　ミラクル・エンザイムが寿命を決める』(サンマーク出版)

酵素や生ジュースを続けながら、ヨガ、踊り、筋トレに行く生活。外食が続いてもそんなに体重が増えない。まあ、安定期。

目標の50キロ達成!　その後も50キロを下回った日が何回かあります。自分でも驚くのですが、目標を達成した日は必ずたくさん食べてしまう。ここで食べなければいいのにって頭ではわかっている。でもカラダが「食べろ食べろ」って信号を出してくるみたい。カラダって面白いです。たぶん、自分のなかで50キロ以上と以下の間にはすごくはっきりした線が引いてあるのでしょう。この時期から減量よりも、カラダのラインを締めることに関心が移りました。

11月からカッピングを始めました。血行がよくなる(p.26-27)。肩にカップを充てて毒を抜く。私が通っている先生は毒抜きしたあとハリを打ってくれる。カッピングは台湾では家庭療法だそうです。そして12月、アレクサンダーテクニークに出会います。これはいい。いま勉強中です。

生ジュースを飲み続けています。そしてMBTシューズにはまります。マサイの人々の歩行技術を基に開発されたサンダルです。

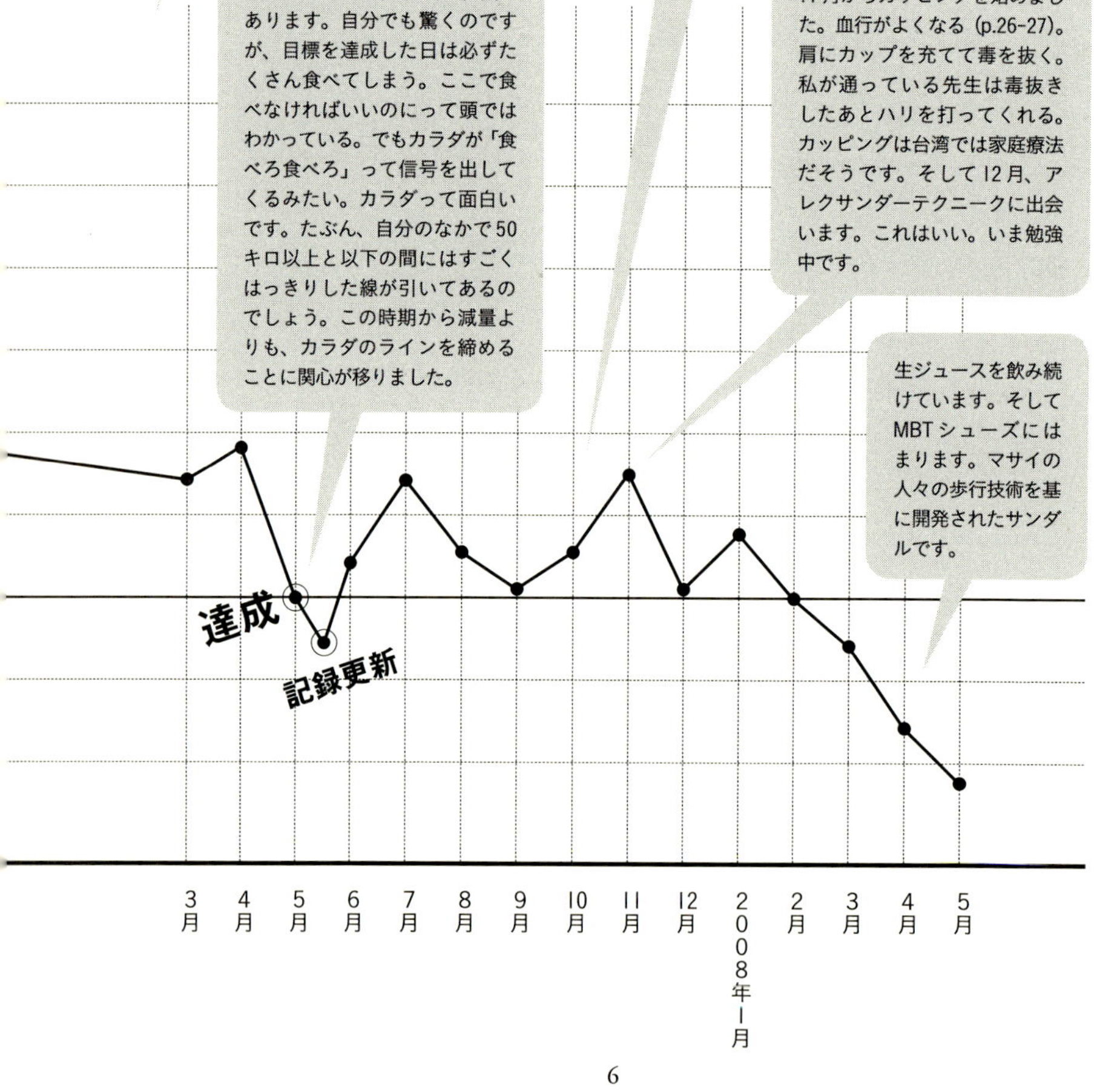

お正月にカラダ計画への決意を固める！　その月の中旬に着物を着るイベントがあったので、まずはそこまでに痩せたい！　４月にも、好きな人に会える仕事があった。不思議なことに、その日に向かってぐぐぐって痩せていく。楽しみにしているイベントなどをカレンダーに書き込んで、その日を目標に計画をたてると効果的かも。ヨガやピラティス、エアロビ、筋トレ（p.18-19）に励みました。サプリも飲んだ。一番つらかったことは外食との闘い！　美味しいものはつい食べたくなってしまう。食べると必ず体重に表れるからね……。

４月からベリーダンスと加圧トレーニングを始めました。ベリーダンスは比較的短期でしたが、加圧トレーニングにはまりました。筋肉量がメキメキ増えて、体重がしっかり落ちていく。４、５、６月と３カ月で数値的にいい結果がでたのですが、そんななか発熱。ちょうどハードなマクロビ食を試した直後で、３日間で体重が２キロ半減少。プライベートでのストレスも影響したのかも。これはまずいと思い、カーツはしばらくお休み！　マクロビも普通食に戻してゆっくり休養。体重落ちても（漫画の）線を引けなかったら私は死んじゃうと実感しました。７月に入ってようやく本調子に。まずはカラダに負担のかからないヨガを再開し、９月になってようやく踊りと筋トレのクラスに戻りました。

実は10月３日の誕生日を過ぎてから３カ月間、記録がほとんど残っていません。ちょうどマンガの新連載をおこす時期に突入し、そのことだけで頭がウニみたいになってました。とりあえず誕生日まで半年間やったぞ、という気持ちもあった。年明けて１月、連載が軌道にのり精神的に楽になった途端、納豆食にはまります。ここから私は酵素の世界に深く足を突っ込んでいくことになるのです！

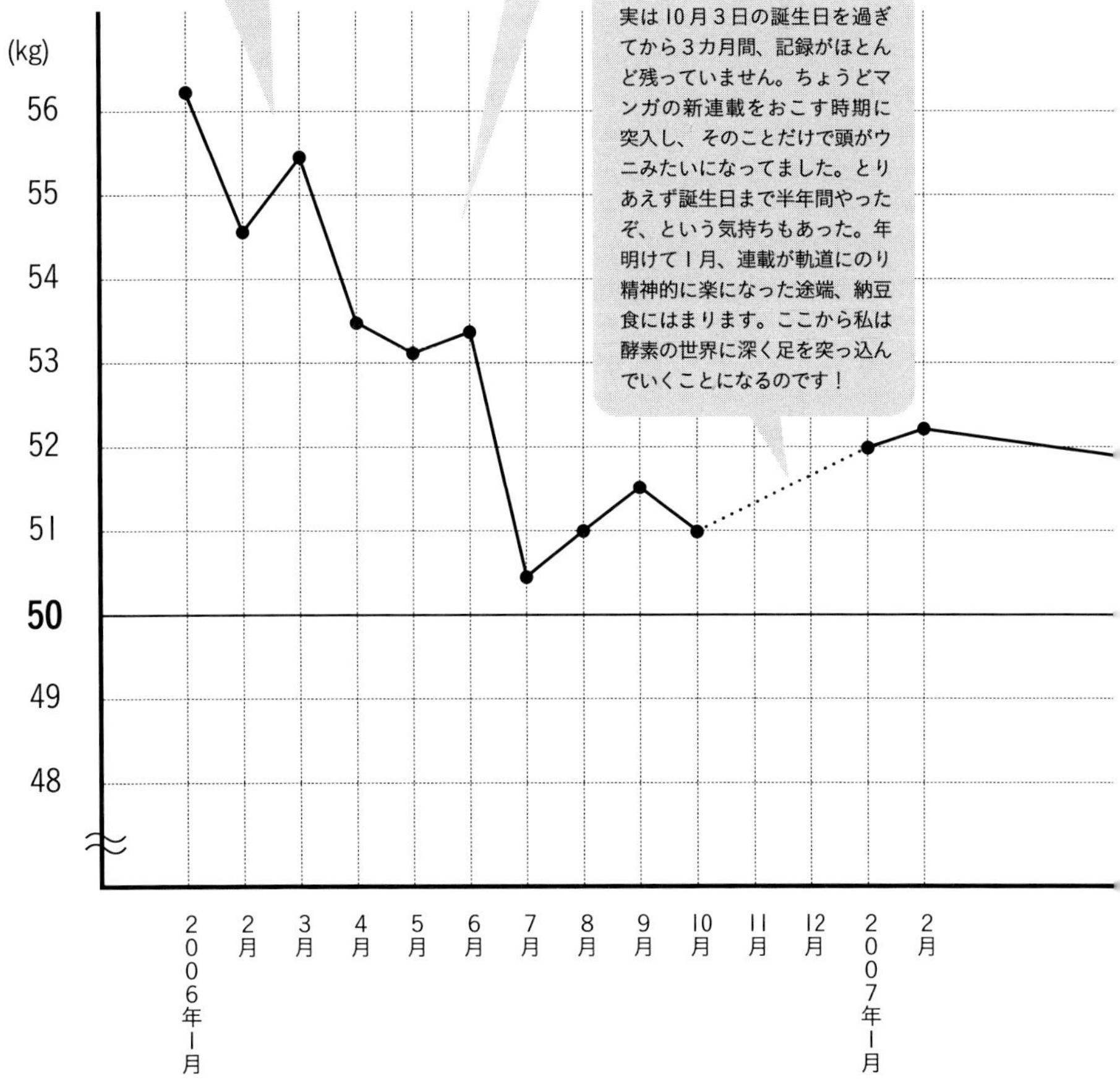

二年間を振り返って

こうしてグラフをまとめて振り返ってみると、我ながら面白い！

最初はカラダ作りを中心に考えて、ジムで筋トレやヨガ、踊り、最新の加圧トレーニングに精を出してました。カラダ作りはやればやるだけ結果が出るから、ある程度の減量は半年くらいあれば適度に達成できることを体感。

とはいえ、それだけではどうも不安で、そのうち何をどのくらい食べるべきかというテーマにぶつかった。酵素や生ジュースを知り、食の基本スタイルが形作られてきた。ダイエットとは、究極的にいうと、「何をどのくらい、どう食べるか」ということだと思います。

最終的に関心は、カラダのラインに向かいます。自分のカラダをどのくらい使いこなせるか。カラダの微細なバランスを意識して、骨の本来のつながりを取り戻そうというアレクサンダーテクニークをしばらくは極めたいです。

＊

一歩進み三歩退き……そんな時期もありました。カラダの不調もありました。それでも少し先の、未来の自分をイメージしながら減量＝美を手にしたい。その気持ちはずっと変わりませんでした。カラダのことを一生懸命考えて、一番自分にしっくりくる食生活を追求して、そしてトータルで今日よりも明日、明日よりも明後日、キレイになりたい!!

自宅の居間で、愛猫のコンと一緒に。
足下に並べたのが、二年間の記録用紙。
1カ月1枚です。
毎日体重とスリーサイズを書き込みました。

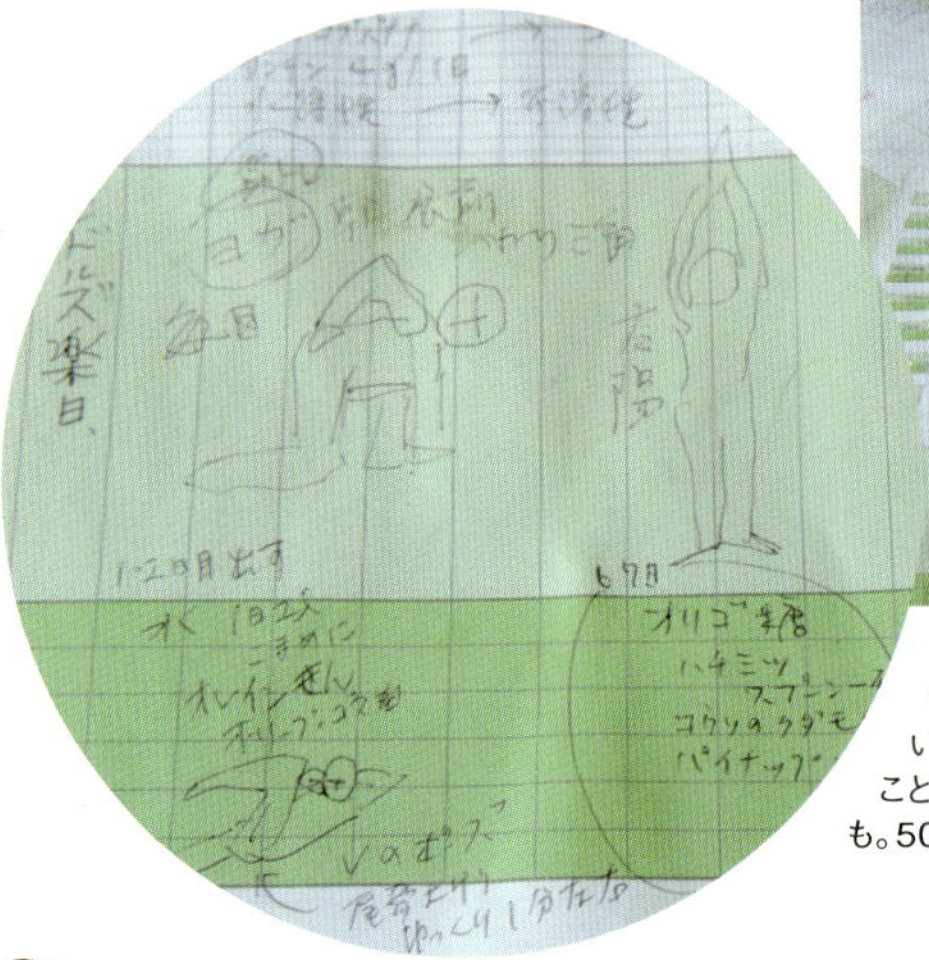

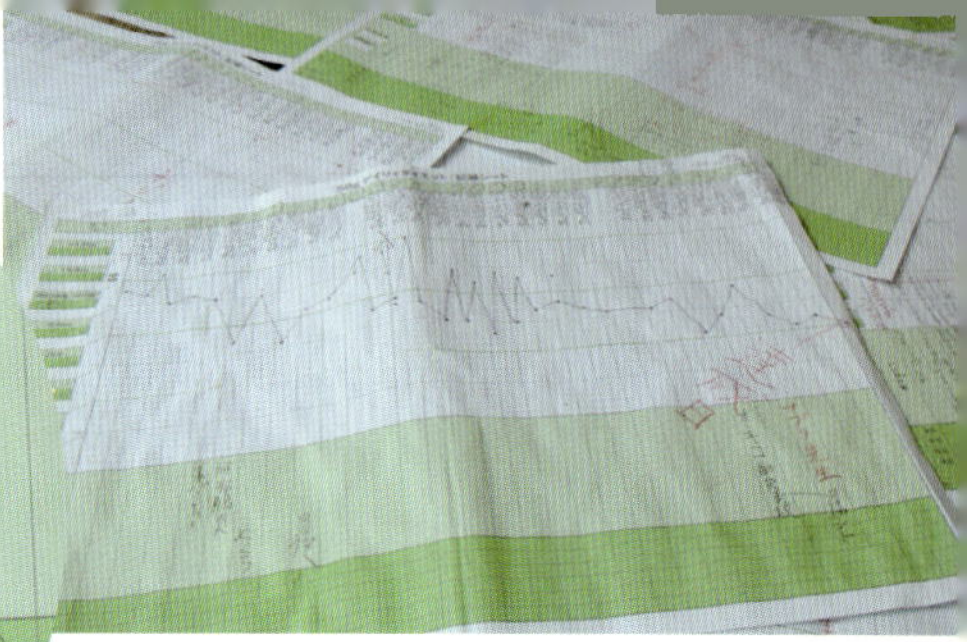

記録用紙には体操のイラストも書いてますね。懐かしい〜。これまでの記録を読み返すと、面白い！　嫌なことがあってバカ食いしたとか、そんなことも書き残しています（笑）。日記と化しているのかも。50キロ達成日は赤で丸してます。

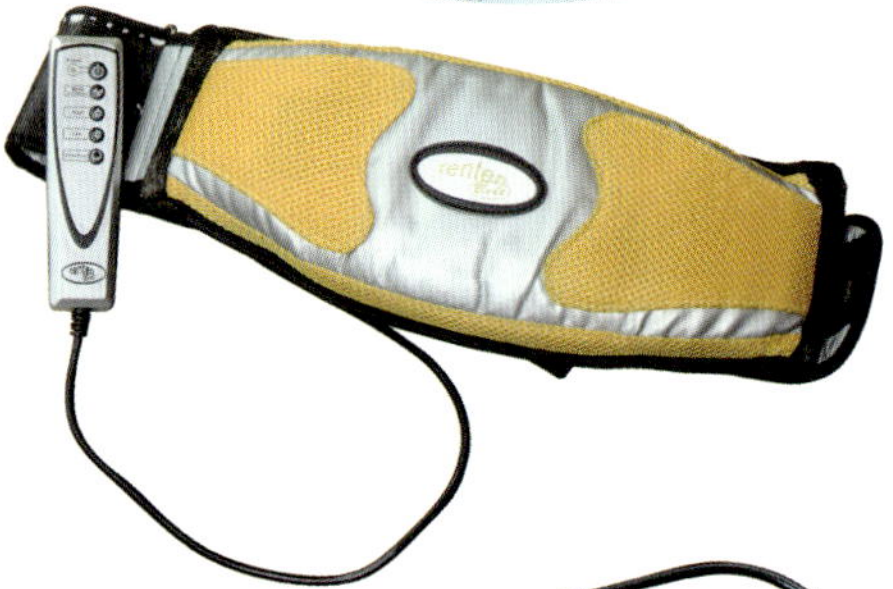

テンテンベルト

ウエストに巻いたり、背中にしょったり。振動で血行がよくなり、こりがなくなる！　始めた途端、通っているエステのマダム・ワタナベが「何やった？」って聞いてきました。効果てきめんです。

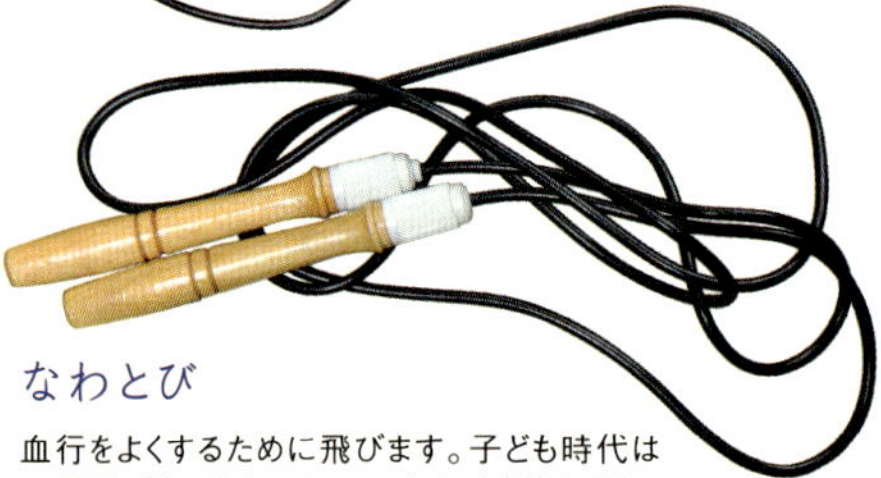

なわとび

血行をよくするために飛びます。子ども時代は二重飛びもできたのに……なんて考えながら。3分もやれば十分なので、時間がないときの利用が多い。

雑誌で使っていた女優さんがキレイになっていたので、思わずメーカーに問い合わせ、即注文しました。脚の裏側を伸ばす器械。結構キツい。

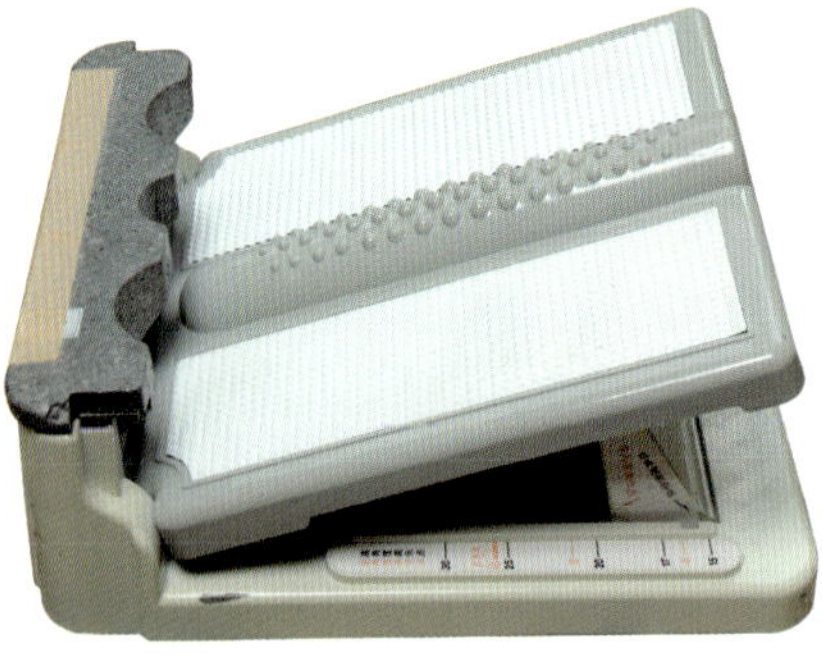

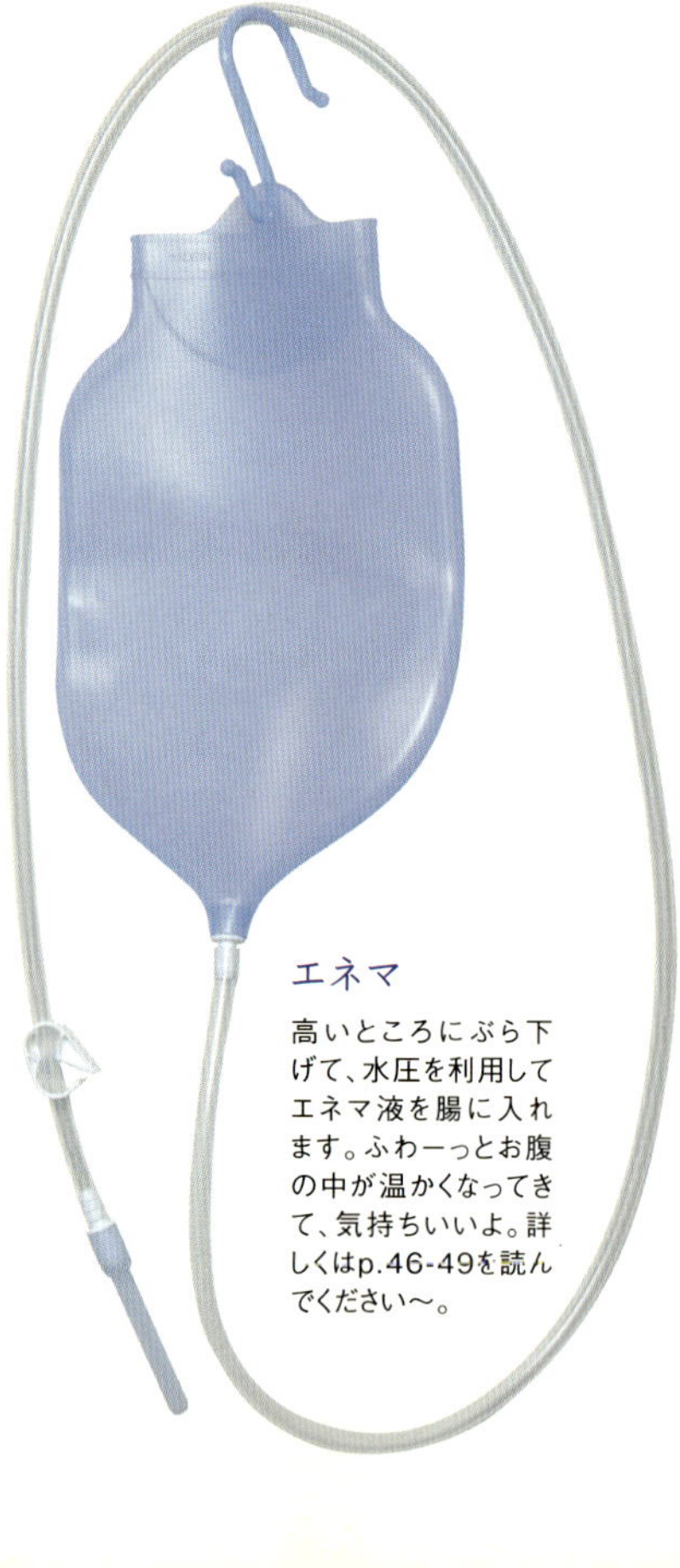

エネマ

高いところにぶら下げて、水圧を利用してエネマ液を腸に入れます。ふわーっとお腹の中が温かくなってきて、気持ちいいよ。詳しくはp.46-49を読んでください〜。

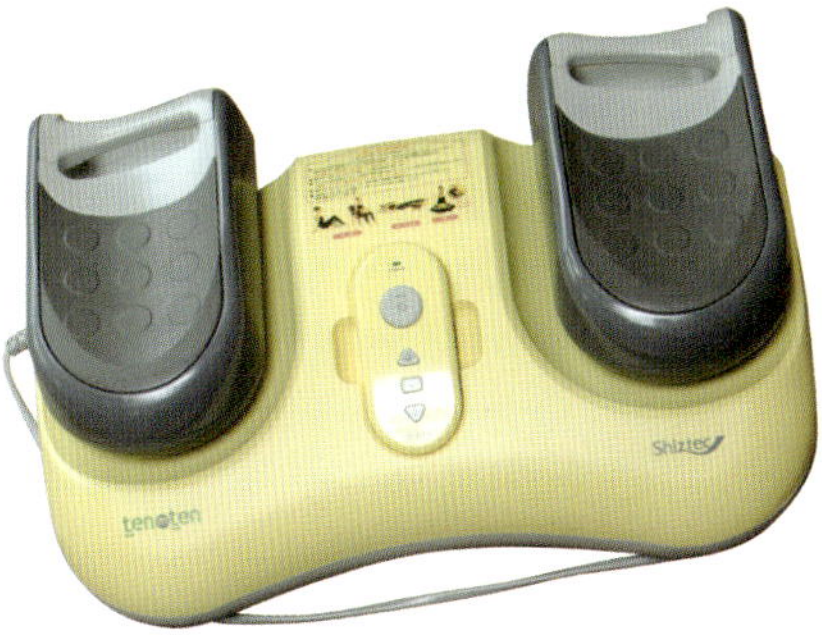

スリムアップサンダル

こういうの、大好きです。ちょっとでもカラダに良さそうなグッズはまず買って試してます。このサンダルはかかと部分がないので、履くとふくらはぎの筋肉がぴーんと張ります。履いてるだけで美脚ゲットか?

テンテン

テンテンです(p.26-27)。ふくらはぎやもも、背中、二の腕をそれぞれ5分間ずつ毎朝やります。じわじわ血行がよくなってくる!

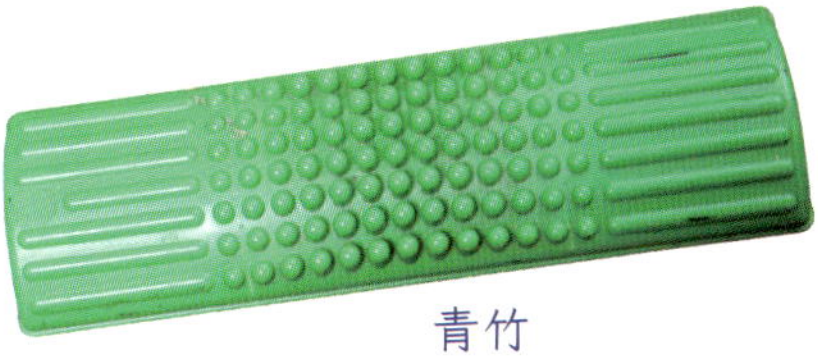

青竹

これはキムさん所有のもの。リビングにポンと置いてあるので、暇があるとよく借りて乗ってます。いた痒くて気持ちいい〜。

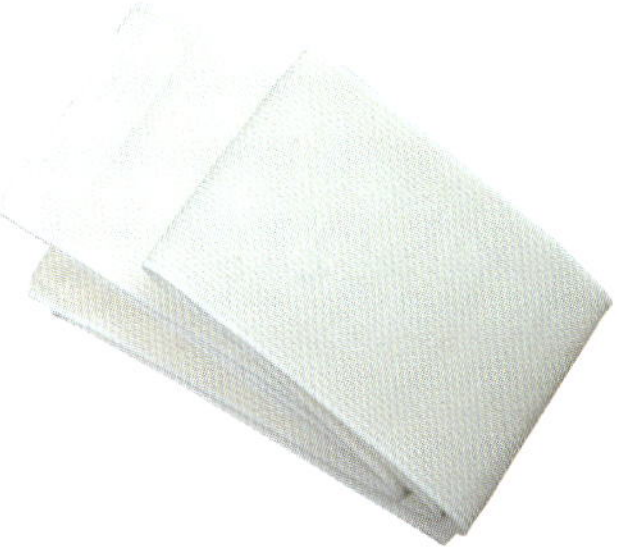

サポートベルト

骨盤サポート用に、各種サイズを買い揃えています。きゅっと締めてから座ると疲れない。

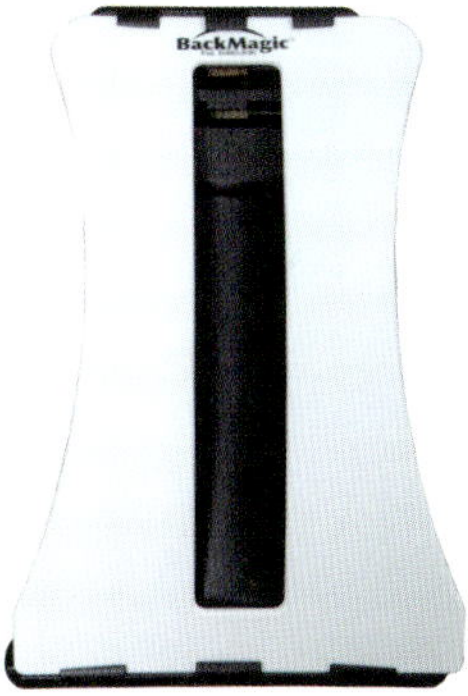

バックマジック

背骨まわりの筋肉をピュヨーンって伸ばす器械です。この上に乗って5分間くらい背中を伸ばすと、気分もすっきり。仕事中も乗ることが多いです。

ナショナル乗馬

電気屋さんでゲット。買うまではかなり迷いました。でかいしね。テンテンと同じで、乗っていると全身がゆらゆら揺れて血のめぐりがよくなる。背骨もきゅっと立ちますよ。

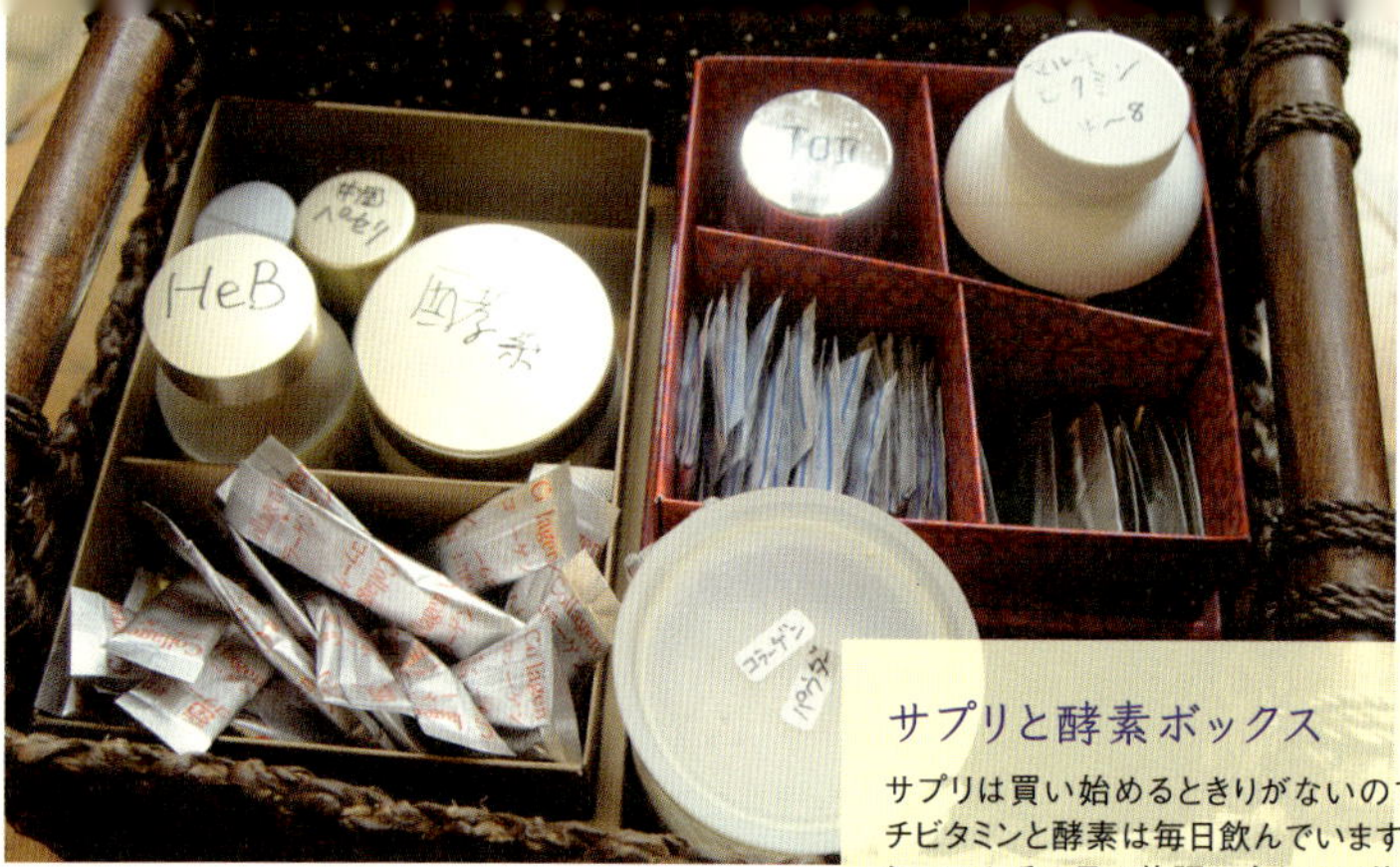

サプリと酵素ボックス

サプリは買い始めるときりがないのですが、マルチビタミンと酵素は毎日飲んでいます。あとはオプションで、その日の体調に合わせて飲み分けます。コラーゲンとか、へび亀類ものとかね。このボックスはちょっとしたお菓子屋さんみたいでしょう。アシスタントさんたちにも説明をしてあって、みんな好きに取っていきます。サプリカフェみたいって。酵素についてはp.66-67を読んでね。

ぬかづけ

日本食はよくできています。毎日飲む味噌汁の味噌も、生醤油も、ぬかづけもみんな発酵食品です(p.66-69)。カラダにいい！　ぬかづけは野菜もたくさん食べられるので、忙しいときに重宝します。

宝寿茶

またの名を野草茶と呼んでます(p62-63)！　おいしいし、毒出しにもなってるみたい。はとむぎのおかげでしょうか？　半年間で目の下のイボちゃんが消えた！

調味料

オリーブオイル大好き！　ごま油大好き！　今って輸入ものも手に入れやすいし、お取り寄せも便利だし、おいしいものとの距離感がぐ── んと近くなりました。嬉しい！　こった料理を作るより、新鮮な素材にこだわりの調味料で味つけして食べることが多いかな(p.54-55)。寒いときは生野菜ではなく温野菜にしたりと、カラダを冷やさない努力はしてます。

ざくろ

ざくろは女性ホルモンにいいそうです。酸っぱくて美味しい!

高麗人参

キムさんとお父さんがくれた特大の高麗人参酒。もったいないので、大切に飾ってます。普段は朝鮮人参の粉を飲んでいます。血行をよくしてくれる。

玄米ご飯

ずいぶん前から玄米食です。最近は玄米専用炊飯器で楽々おいしく炊けます(p.62-63)。

生しぼりジュース

キムさんが業務用のジュースしぼり機を合羽橋で見つけてきてくれました。力いっぱいしぼってもびくともしない、偉大なしぼり機です。これでたっぷりジュースをしぼります(p.58-73)。

ヘアケアセット

オイル系とかどろんこ系とかいろいろなシャンプーを使ってます。そして重要なのは、シャンプー前のブラッシング。よーくブラッシングして毛穴を開けてからシャンプーします。写真のブラシは猪毛（p.88-91,p.110-111）。

メーク用品

UV下地とほおべにがあれば、基本はOKかなと思ってます。コンシーラーとしてクリーム状のファンデーションを使うことが多いです。家のなかにいると油断しがちですが、UVもしっかりケアしないとね（p.100-107）。

基礎化粧品

合成界面活性剤が入っていないことが条件です。植物酵素系の洗顔料で洗って化粧水をつける感じかな。最近はクリームはそんなにつけなくなりました。ピーリングもたまにやります(p.102-103)。

洗面所です!

台所やトイレ、洗面所にはハンドクリームを常備しています。濡らしたらすぐに付けるということを徹底しています(p.92-93)。

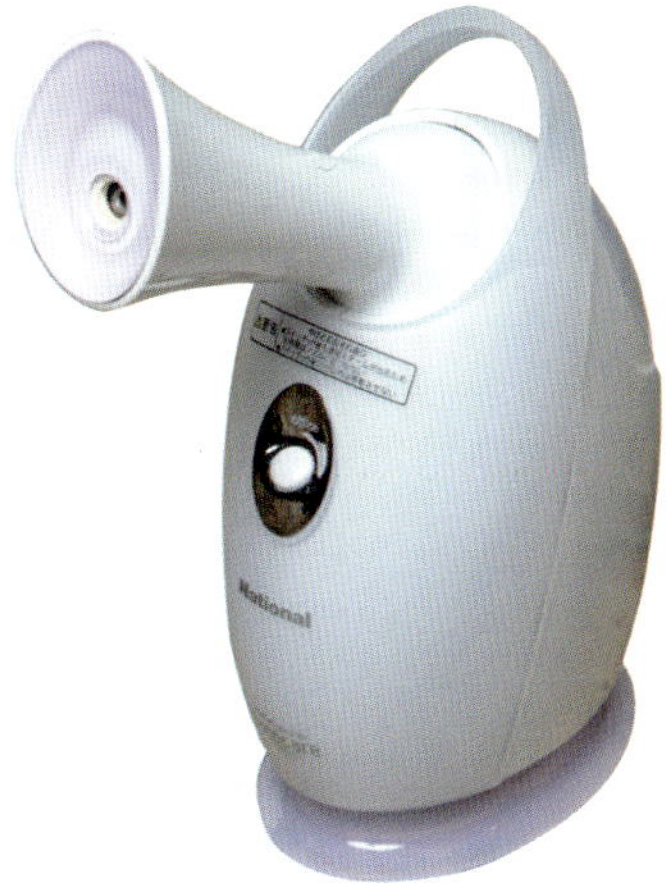

美顔スチーマー

毎晩、寝る前に首から上全体を4、5分スチームします(p.96-99)。たるみ対策です。あごの線のたるみは老化の証拠! フェイスラインには要注意です。

ハードなトレーニングと強烈なマクロビにストレスが重なり、体調を崩した時期がありました。仕事はしないといけないのでしましたが、線が引けない。物理的には描けているけど、全然気に入らない。ああ、だめだって思いました。最悪でした。こんなことでは漫画が描けなくなるって思ったら、ダイエットなんてどうでもよくなりました。結局私のダイエットの究極の目的は、漫画を描くことなんだと改めて実感。

新しいことを始めるきっかけはほとんどが本や雑誌、テレビだったりします。興味が湧く事柄を見つけたら、大きな本屋さんに直行! ドンピシャの本を厳選ゲットして、繰り返し読みます。体操は、本の図版を読むのが一番わかりやすい。骸骨とか、きちんと骨の仕組みから書き込んで説明してくれる本が好みです。

午前中にぼんやり、このベランダでものを考えることが多いです。なにを考えるでもなく、ぼーっとしている時間。なにかをガッチリ思考するのではなく、スイッチオフのまま、ただ外の景色を見たり、鳥のさえずりに耳を傾けたりする。するとたまに、ふと、あ! そういうことだったのか! とか、お! こうすればうまくいくぞ! なんて、突発的にすごく大切な気づきがふってくるんです。忙しいなかにも、こういう時間こそ、大切にしたいにゃん。

3年後の
カラダ計画

筋肉を上手につける

ジムには週に二回か、可能なときは三回行くようにしています。

有酸素運動と筋トレを主にやっています。とはいえ、スジスジにはなりたくない。適度な筋肉をつけるというのが課題です。

有酸素運動はラテン系エアロ、ステップ系エアロのレッスンなど。一時間のレッスンで四〇分くらい心拍数をあげる運動をして、そのあとクールダウンします。

筋トレは、ダンベルやチューブやボディバーを使います。あとはスクワット。

最近は筋肉がついてきたから楽になってきましたが、少しでも体力が落ちているときは、このメニューが厳しい。一回、具合が悪いときにやったら、案の定筋を違えてしまいました。それで次の週から鍼《はり》に通って……。

弱くなっているときは無理しないで、軽いクラスをとるようになりました。

筋トレはすぐ目に見えて結果が出てくるものだから嬉しいし、だからこそ苦しくても続く。相性はわりといいと思う。

スジスジになってしまう原因は、どうやら運動しているときの筋肉の使い方にあるようですね。バレエやダンス、そして歩くときも同じで、力を入れて、ガチガチに力んでやっていると、カラダはどんどん太くなってしまうそうです。

結局、力を抜く。「ゆるむ」ことがポイントなんですね。

雑誌の対談でダンサーの近藤良平さんにお会いしたときのこと。私のこと、ぽーんと投げてくれたんですよ。何も力を入れてないのに。私は何が起きたかまったくわからなかった。でもそれって力を入れて投げているわけではない。筋肉と力の抜き方の問題のようです。

そのあと近藤さんのワークショップをのぞいてみたら、床の上でごろごろしながらふっと立ち上がるという運動をやっていた。みんなでニャアニャアいいながら。まるで猫の集会みたい！

支点とかねじりとかを使わず、便所虫みたいにゴロンって転がるの。そして起き上がるときに手をついてよいしょっというのではなくて、合気道と同じ原理だそうですが、重心をスルスル移動させてヒョイッと立ってしまう。そういうカラダの使い方を身につけると無駄なかたい筋肉が落ちるのだなあと勉強させてもらいました。

2. カラダ計画

骨を意識してゆるゆる力を抜く

カラダのラインをどう整えていくか。そのことを突き詰めて考えてみようと思ったとき出会ったのがアレクサンダーテクニークです。そもそもの出会いは雑誌で元キャンディーズの蘭ちゃん、伊藤蘭さんの写真を目にしたときでした。すごくキレイだった。なんだろう、このキレイさはって思い、インタビューを読み始めると、彼女が日頃気をつけていることなどが書いてある。フムフムって読み進めていると、アキレス腱伸ばしの板の写真があって、「いつもこれでエクササイズしています」などとキャプションが。「あ、これは私も持ってる！」なんて嬉しくなったりして。そのなかで「アレクサンダーテクニーク」という文字が目に飛び込んできた。「なんだろう、これ」って、思いました。蘭さんのキレイの秘密がそこに隠されているという直感があった。

その後、別の雑誌でアレクサンダーテクニークの教室を知ってウキウキ行ってみました。はまりましたよ！　骨格模型が教室に置いてあって、骨の仕組みからカラダのバランスを教えてくれます。歩いたり、動く際にカラダの微細なバランスを意識すると、動きがずいぶん変わってくる。レッスン後、ムダな力を抜いて歩けるようになった。それから首と頭のバランスにも意識がいくようになりました。頭蓋骨ってひょいっと背骨の上に載っている、いってみれば皿回しみたいなものだってイメージすると、首まわりがすっと楽になった。知らず知らずのうちに、常日頃、首にムダな力を入れていることを実感しました。この教室にはしばらく通うつもりです。

カラダがガチガチだと自然に仕事もキツくなってきます。

事故というのは、ある日突然起こったように見えますが、よく考えてみると原因は自分の生活に潜伏していたように思います。何かのきっかけで、牙《きば》がこっちに向かってくる。特に対人関係の事故はそう。自分を正気で運転していないと、相手のことをいつ傷つけてしまうかわからない。そして自分も同じだけダメージを受ける。

だからこそ力を抜くって大切なんでしょうね。昔から、自分で開発した「ゆるみ運動」は欠かせません。両手をぶらっとさせて、肩の力を抜く。『あしたのジョー』でジョーがやっている両手ぶらり戦法です。ブーラブーラすると、カラダのガチガチがすっと楽になる。カラダから力が抜けると、心のガチガチも不思議と解消する。

ぶらぶらゆるむ考え方は仕事のモードにもあてはめられます。肝は集中。あとは全身ゆるゆる。頑張りグセのある人は力の抜き方を覚えて楽になろう！

3. カラダ計画

太りとむくみは違う！

九・一一同時多発テロのことをよく覚えています。

テレビでニュースを見ていたら、ニューヨークから速報が入りました。ワールドトレードセンタービルで火災というニュースが飛び込んできたのですが、切り替わった映像の中で、飛行機がビルに突っ込んでいった。

ひどいショックを受けました。その影響はカラダにも表れて、調子を崩しました。思い出せばオウムのときもそうだったし、阪神・淡路大震災のときもそうだったし、酒鬼薔薇事件のときもそうでした。ショッキングな事件があると、そのショックはすぐカラダに影響する。意識とカラダはぴったり直結しているのです。

次の日、具合が悪いのでダンスのレッスンに行ったのです。カラダが思うように動かないときにはあえて動かそうと思って、ジャズダンスのクラスをとったのですが……。

床に寝てウォーミングアップを始めるでしょう。寝て、足をあげて、伸ばしたり、回したりする。パンツの裾がざっと落ちる。自分の足首がよく見える。足首を見たときに、「やだーっ」て思いました。反射的にパンツを戻していました。どきどきしてしまった。だって自分の足がまるで象の足のようにブヨブヨにむくんでいて、醜くかったのです。あのときは本当に暗い気持ちになりました。

その同じ月に温泉に行きました。お忍び宿みたいなところで、客室でマッサージをしてくれる、リッチ感漂う雰囲気のいい場所でした。エステティシャンのおねえさんが「足からやります」といって私の足を見た瞬間、「あらっ」て。あらってなにかしらと思ったら、その人が、「これはあなたの本当の足ではありませんよ。これはむくみですから。あなたの足はもっと細いですから」。

そのときまで私は太りとむくみとの違いがわかっていませんでした。わかっていたのは確かに私の足は七歳の頃はまっすぐだったということ。写真が残っているので印象が強いのです。そして四四歳の私の足は象の足のように変わり果てていたということ。

救いだったのは、そのエステティシャンのひと言。

「これはむくみだから、取れば必ず直りますよ」

その言葉がなかったら、もしかすると、今もあのときの足のままかもしれません。私はこのひと言を前向きに受け止めて、直るなら直してみようと足改造計画を始めました。

七年前のことです。

脚のこと①
足指ちぢこまり
つめが曲ってチビってる
内反小指
足首なし
パンパン
すき間〜
痛い
ヒザ上に肉
2001.10.30
身長 154cm
体重 55.8
体脂肪 32.5%
BMI 23.5
W 72
H 94.5
太もも 54.0
ふくらはぎ 37.0
足首 21.5
二の腕 30.0
アロマオイルマッサージしてくれたエステティシャン
17年前のある時
ダンスのレッスン中に見た
自分の脚のラインが
あまりにショッキングで
反射的に目を閉じた。
「今のは何?!」
うひっ!!
体調もすぐれず
ああもう
この象足で
いくのかなーっと
思いかけていたら
旅先で……
むっ
これはあなたの本当の脚ではありませんっ!
え!!
これはむくみ! 取れます 大丈夫!
希望の光が……

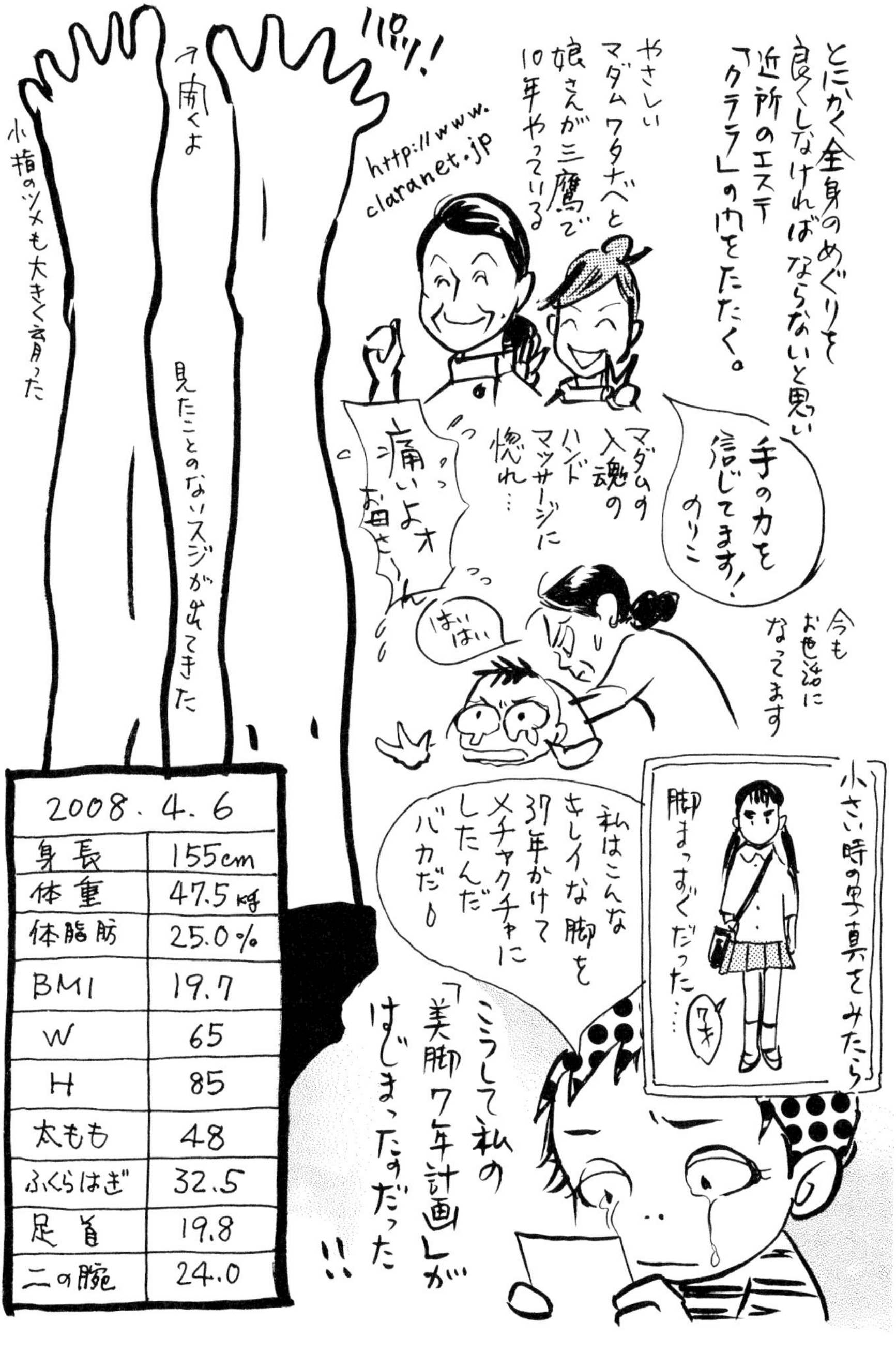
とにかく全身のめぐりを良くしなければならないと思い
近所のエステ「クララ」の門をたたく。
やさしいマダムワタナベと娘さんが三鷹で10年やっている
http://www.claranet.jp
手の力を信じてます！ のりこ
マダムの入魂のハンドマッサージに惚れ…
痛いよオお母さ〜ん
はいはい
今もお世話になってます
小さい時の写真をみたら
脚まっすぐだった…
ワオ
私はこんなきレイな脚を37年かけてメチャクチャにしたんだバカだ♪
こうして私の「美脚7年計画」がはじまったのだった!!
パリッ！
痛くよ
小指のツメも大きく育った
見たことのないスジが出てきた
2008.4.6
身長 155cm
体重 47.5kg
体脂肪 25.0%
BMI 19.7
W 65
H 85
太もも 48
ふくらはぎ 32.5
足首 19.8
二の腕 24.0

血行をよくして、二の腕、足痩せ！

二〇〇一年九月一一日の同時多発テロ事件をきっかけに始まった私の足改造計画ですが、この七年間に私がやったことは、血行やリンパ液を滞らせないこと。これに尽きます。血が滞ると、書類がうまくまわっていない会社と同じで、いろいろな問題が生じてきます。だからとにかく血行をよくする。そして筋肉をつける。

血行をよくするというのは、筋肉ポンプで血をよく回して同時にリンパ液の流れをよくするということ。

手始めとして、プロのリンパマッサージを受けました。手のマッサージで、リンパ液が流れるということはこういうことかと体験しました。四年間ぐらい毎週マダム・ワタナベ（ご近所のエステ）の所に通って、リンパのつまりを取り、今は月二で施術を受けています。

それからむくみ対策として、毎朝、自宅で「テンテン」というマシンを使ってカラダをほぐしています。

クッションくらいの大きさの小さなマシンですが、超高速で激しく振動する。ふくらはぎ、もも、背中、二の腕の四カ所を五分間ずつやっています。じわじわと血行がよくなるのがわかります。

このマシンの効果は二の腕に一番わかりやすく出ました。パッと一センチ細くなった！

ふくらはぎは「テンテン」でほぐし、骨がたくさん結集している足の甲は、手でマッサージをする。小さい骨の間を神経や血管が通っているので、ここがつまってしまうと一発でむくむ。だからそこを伸ばしたり、ねじったりして、血行をよくします。最後にかかとをひっぱる。

血が通って、むくみがとれると、今度は代謝もよくなって、贅肉も落ちてくる。これが足痩せの秘訣だと思います。そういう状態でジムやダンスで鍛えると筋肉がついてくる。

最近通っているカッピングの先生によれば、冷えこそが万病の因《もと》だそうです。体温が一度下がると免疫力が三〇パーセント下がってしまうといいます。いつ暴れようかと芽を出しているがん細胞を、抗体が必死に食い止めている。体温が下がると、その分、抗体が減ってしまう。カッピングは体温を上げるためにカップを充《あ》てて毒を抜きます。

日々、体温を上げる、血の巡りを良くするって大切なことなんですね。

脚のこと②
本当に
自分の脚が元に
戻るのか？
それはわからなかった
しかし
ヴィジョンだけは描こう
世界にはステキな脚が
いっぱいある!!
内ももの力が強いケイト・モスの脚
モンローの脚も
大好き♡
ブリジット・バルドー
ええな〜
サラ・ジェシカ・パーカー
親しみやすいダンサー足
すごい脚 シルヴィ・ギエム
IKKOさん

通っていたウォーキング・クラスで
CHIKA先生
同じ種？
なかなかうまく歩けず……
アゴ出てるよ〜
鏡にうつる自分の脚にずっとダメ出ししていたら、ある日……
かわいいなァ…
という思いがポコッとわいた
これにはびっくりした
今なんて…
えー！？
コペルニクス的大転換である
短くて曲った脚 太いふくらはぎ 安定しない骨盤 文句言ったらきりがないのに「この脚は世界にひとつしかないこれだけの脚だ」と、いきなり思えた。
できの悪い子をかわいいと思う気持ち？
母性？
自分に発揮？！
自分の脚を愛しいと思ったはじめての瞬間でした。

テーピングで足のアーチを改造

足に関するもうひとつの私のこだわりは、アーチを高くしたいということでした。それで始めたのがテーピングです。

私の場合、小指が内反拇趾《ないはんぼし》だったので、それがまっすぐになるように毎日テーピングしています。アーチができないと、歩くときの衝撃をうまく吸収できないそうなのです。だから補助テープを貼る。

そんなことをしているうち、自分が歩くときに足指を使っていないことにも気がつきました。本当は地面をくっくっと、足指で摑《つか》む感じで歩くべきなのに、どうも指を持ち上げるようにして歩いている。

意識して歩き方を変えていたら、足指たちがずいぶんと元気になってきました。あるとき、ペディキュアを塗り替えようと思って見ると、それまで三ミリ四方くらいしかなかった小指の爪がグワーッとでかくなっていた。びっくりしちゃった！　それに発育がおかしくてまがっていた薬指と小指も、いつのまにかのびのびまっすぐに伸びている。それまでいかに血が通っていなかったかがよくわかりました。

血のめぐりがよくなると、足指も足爪もすごく元気に変わるものなんですね。やれば生えてくる。う～ん、心よりよっぽど扱いやすいです。

足なんて普段あまりじっくり見ないけれど、そんな見えないところにも如実にカラダの状態が出ているものだと実感しました。

最近は『愛され脚をつくる2週間レシピ　寝る前ストレッチで即効キレイ！』を試しています。ストレッチと骨盤体操ですが、二週間後に本当に目に見えて変わったからびっくり。まっすぐの足と比べると、私の足はO脚で、筋力がなく、その分外側に贅肉がついていた。そして贅肉がむくんでしまう。ふとももの前とふくらはぎの外側の筋肉を使って、がしがし歩いていたからだと思います。がっちゃんがっちゃん前に進んでいるイメージです。骨盤の歪みが原因で、血行を圧迫していたのかもしれません。

この本に出ている体操を二週間続けたら足と足の間の隙間《すきま》が狭くなって、O脚からまっすぐ足に変わった！　今でも美脚体操は私の体操メニューのひとつです。効果がうれしくて眠くても必ずやっています。

足首やふくらはぎをほっそりさせるのは難しい。でも、やってできないことはないというのが実感です。

斉藤美恵子・著『愛され脚をつくる2週間レシピ　寝る前ストレッチで即効キレイ！』（WAVE出版）

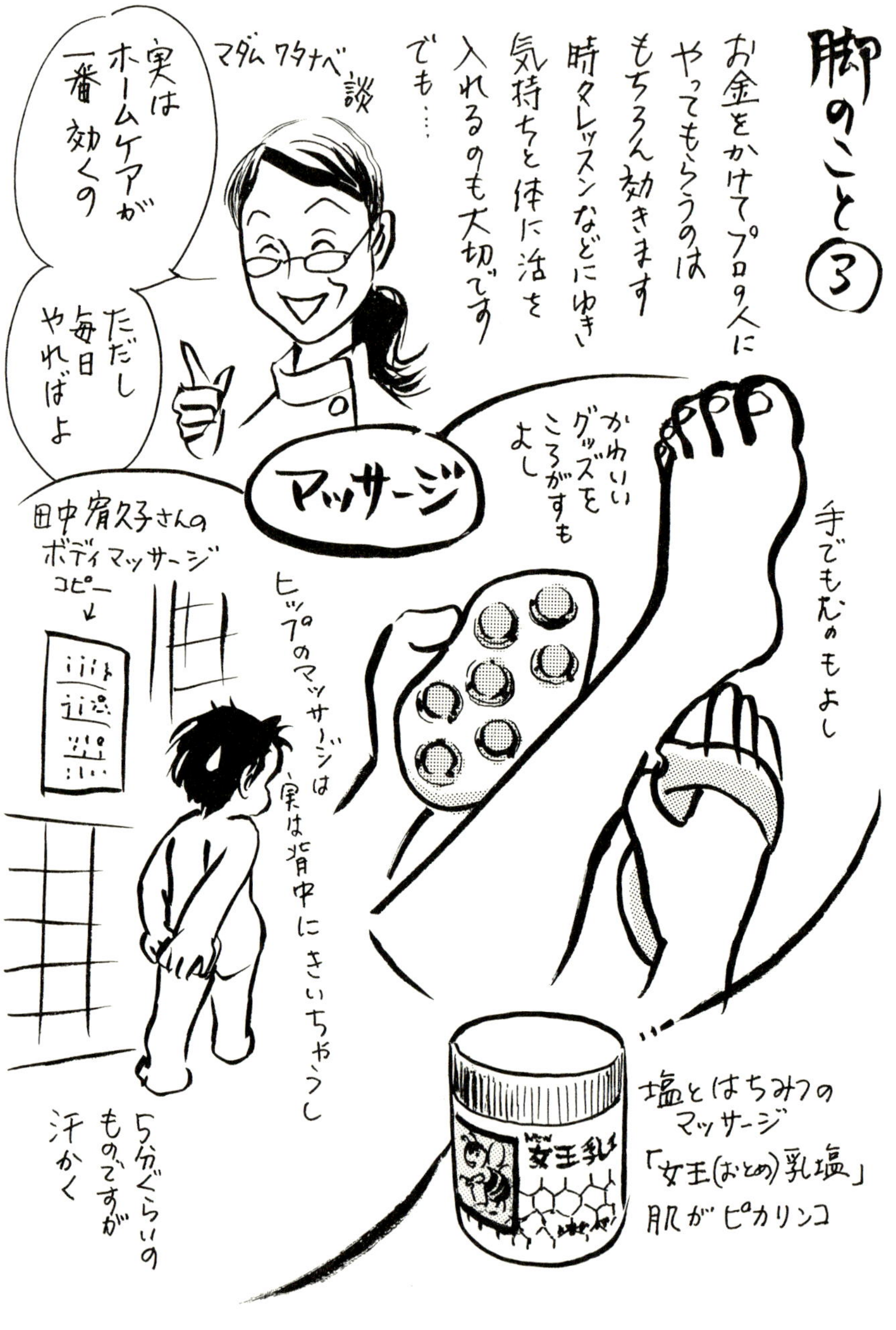
脚のこと③
お金をかけてプロの人に
やってもらうのは
もちろん効きます
時々レッスンなどにゆき
気持ちと体に活を
入れるのも大切です
でも……
マダム ワタナベ談
実は
ホームケアが
一番 効くの
ただし
毎日
やればよ
マッサージ
かわいい
グッズを
ころがすも
よし
手でもんでもよし
田中宥久子さんの
ボディマッサージ
コピー
ヒップのマッサージは
実は背中にきいちゃうし
5分ぐらいの
ものですが
汗かく
塩とはちみつの
マッサージ
「女王(おとめ)乳塩」
肌がピカリンコ

体操
斉藤美恵子先生の
美脚ストレッチは
速効ありました
ヒザがまっすぐになり
ふくらはぎが
スッキリ
今も一日一回やってる
愛され脚をつくる2週間レシピ
斉藤美恵子
寝る前の
ストレッチは
入眠儀式
血がめぐって
眠くなるの
内田輝和先生の
骨盤底筋群を
きたえるスクワット
10秒×5回
キラキラ体操
ウエストしまる
30回、たった一分！
ねじるッ
激しく踊りたいなら
コアレッスン
CORE Rhythms
基本プログラム
ユーコ・スミダ・ジャクソンさんの
DVDは美しい!!
たくさんのマイ体操を
その日の体にあわせて
チョイス！

筋肉が美脚の絶対条件

こんな足になりたい～。そんな理想をもっておくと励みになります。

つい最近電車のなかでとってもセクシーな足の持ち主に出会いました。色っぽい系のスーツをかっちり着たＯＬさんが、隣の同僚らしき女の人と話しながら車内に乗り込んで来た。私は座っていて、その二人組は私とは反対側の窓を向いて立った。つまり、私の目の前に二人の後ろ姿があったわけなのです……。

そのセクシーな足は素足で、七センチヒールをはいている。ヒールは細め。女の心意気がヒールの細さに出ているじゃない、いい女っぷりだなと思って眺めていると、すごいの。アキレス腱がふくらはぎからビーンと出ていて、筋肉がきゅっとしまっている。電車が揺れるたびにししゃも肉がビュンって緊張して、バランスをとる。彼女は隣の女の人とずっとおしゃべりをしているのだけど、筋肉とアキレス腱はその間もずっと動き続けているんです。すっごいセクシー。すっごいかっこいい。

私はサイズにものすごく敏感なほうです。何を見てもすぐに数字に変換されてしまいます。なぜ敏感になったかというと、ある時期、自分の腕や足のサイズを毎日測っていたから。そのときの名残でたとえば二の腕を見ると二四・五かな？　とか、ふくらはぎを見ると三二・五かな？　などと無意識に目測してしまっている。

電車で見たセクシーふくらはぎは、サイズでいうと、そんなに細くはなかった。三二センチぐらい。でも、セクシーな足は細さが基準じゃないんです。いかに筋肉がついているか、いかにしまっているか。

今はふくらはぎが三〇センチをきる細い足の子も多いでしょう。でもなんか存在感がないように思いませんか？　写真で見たときにはプロポーションや太い細いしか見えないけれど、実際に「こんにちは」って直接会うと全然色っぽくない。ただ細いだけの子ども足や乙女立ち（内股強調）って全然だめだなって思ってしまいます。

第一印象「ちょっとおでぶちゃんだな」と思っても、何時間か一緒にいると、カラダにハリがあってきゅっと細い部分があったりするのがわかってくる。そういうじわじわ「キレイだな」と思われるほうが何倍もお得だと思います。

単純に体重を減らすのではなくて、カラダのバランス、筋肉のつけ方を意識することは大切です。そしてそのためにも理想像を自分のなかで持つと、それは強力な味方になってくれるでしょう。

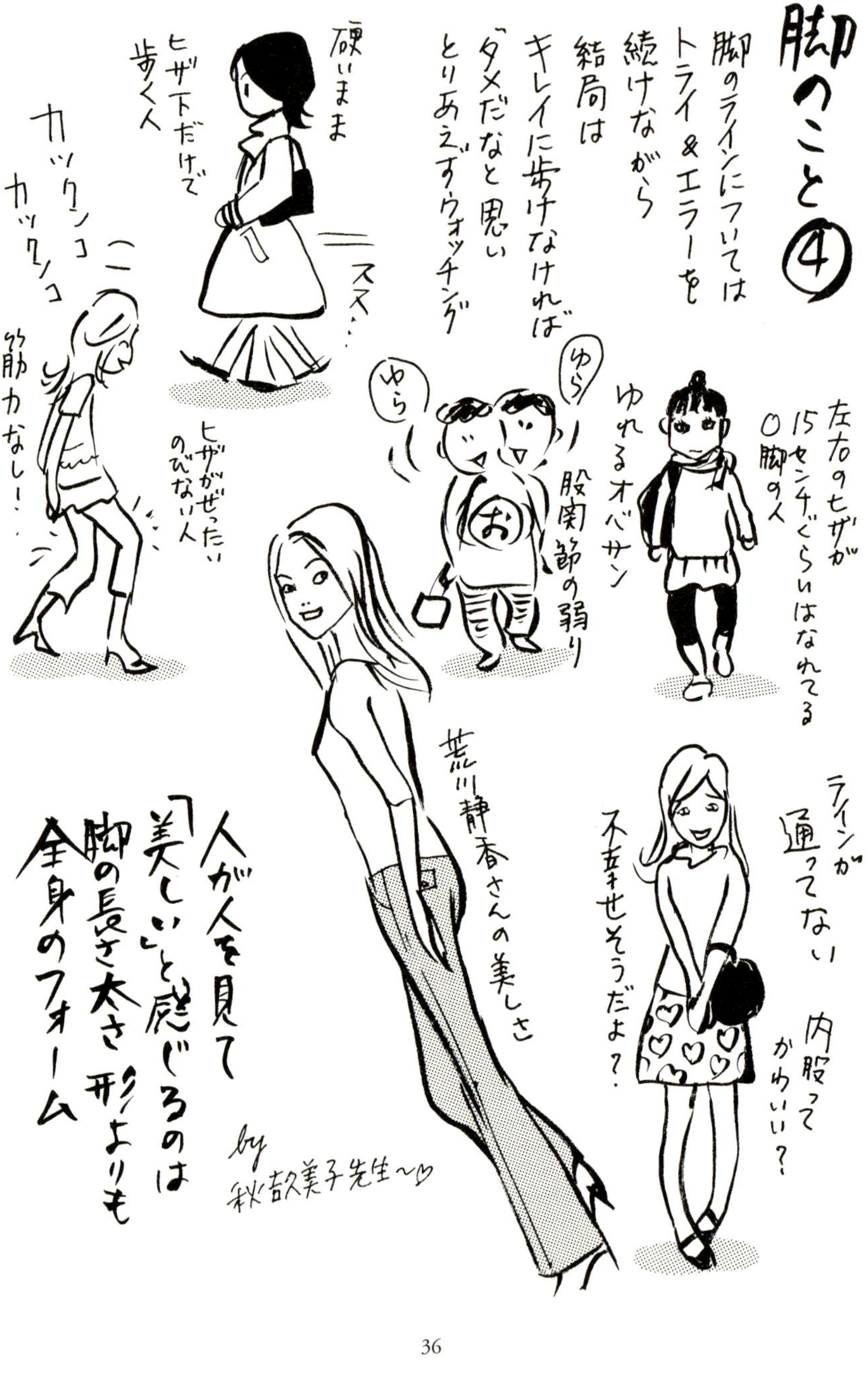
脚のこと④
脚のラインについては
トライ＆エラーを
続けながら
結局は
キレイに歩けなければ
「ダメだなと思い
とりあえずウオッチング
左右のヒザが
15センチぐらいはなれてる
O脚の人
ゆれるオバサン
股関節の弱り
ゆら
ゆら
お
硬いまま
ヒザ下だけで
歩く人
スス…
カックンコ
カックンコ
筋力なし！
ヒザがぜったい
のびない人
ラインが
通ってない
不幸せそうだよ？
内股って
かわいい？
荒川静香さんの美しさ
人が人を見て
「美しい」と感じるのは
脚の長さ太さ形よりも
全身のフォーム
by
秋吉久美子先生～♡

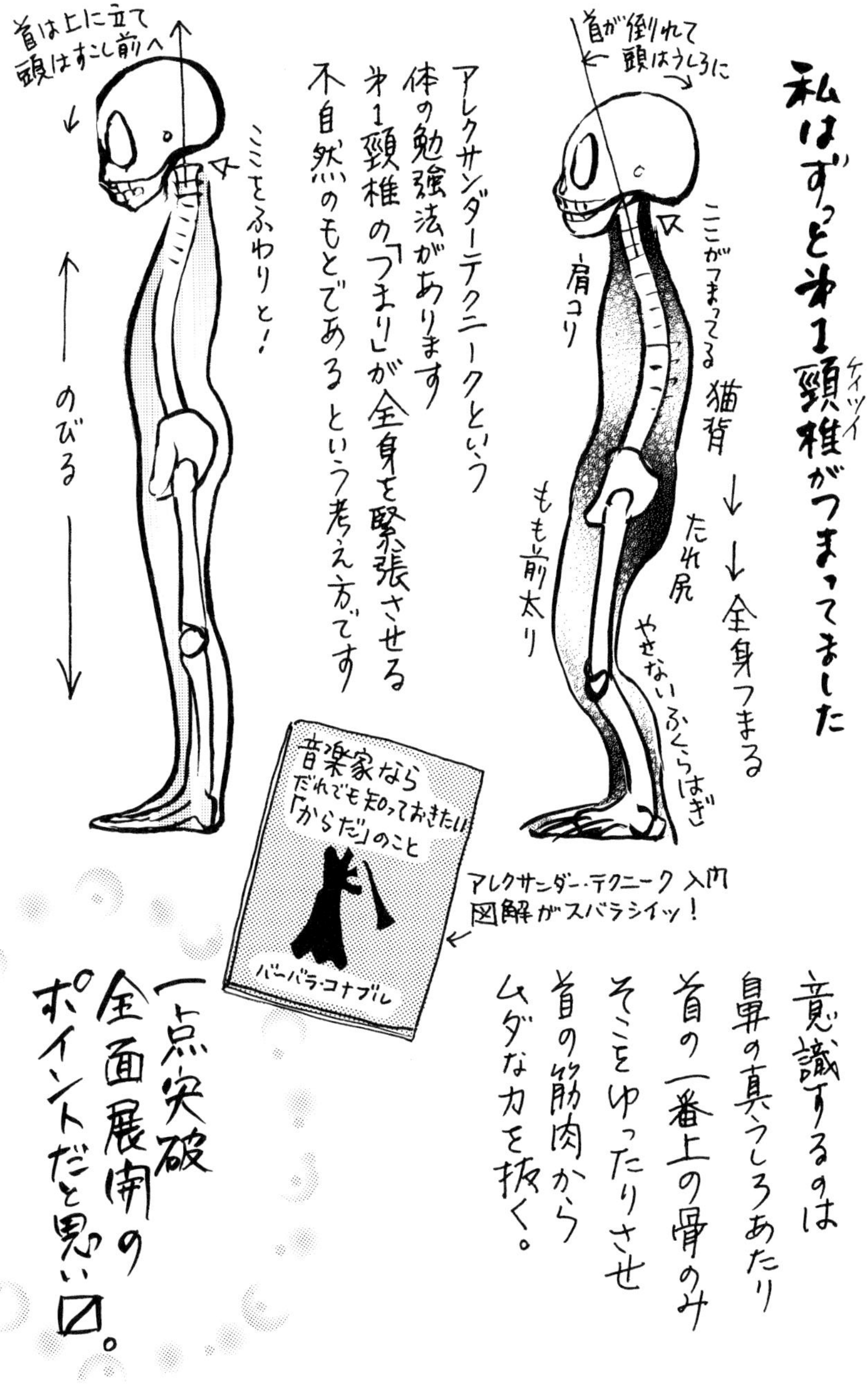
私はずっと才1頸椎《ケイツイ》がつまってました
首が倒れて
頭はうしろに
ここがつまってる
肩コリ
猫背
↓
全身つまる
たれ尻
もも前太り
やせないふくらはぎ
アレクサンダーテクニークという
体の勉強法があります
才1頸椎の「つまり」が全身を緊張させる
不自然のもとであるという考え方です
首は上に立て
頭はすこし前へ
ここをふわりと!
のびる
音楽家ならだれでも知っておきたい「からだ」のこと
バーバラ・コナブル
アレクサンダー・テクニーク入門
図解がスバラシイッ!
意識するのは
鼻の真うしろあたり
首の一番上の骨のみ
そこをゆったりさせ
首の筋肉から
ムダな力を抜く。
一点突破
全面展開の
ポイントだと思い☑。

バーバラ・コナブル・著『音楽家ならだれでも知っておきたい「からだ」のこと　アレクサンダー・テクニークとボディ・マッピング』（誠信書房）

朝と夜のマイ体操を続ける

私のアシスタントの若い子たちは自分の歌いたい歌を持っています。悲しい気持ちの時はこの歌、ハイの時はこの歌といった具合です。歌詞を覚えていないと歌は歌えないでしょう。だから自分の歌を持っているっていいなあと羨《うらや》ましいです。

キムさんには自分の体操があります。二〇代のころからずっとやっているそうです。

朝は柔軟とストレッチ。夜は筋トレ。

その日、その時の自分の調子によって、体操を変える。ひたすら肉体改造をするのではなくて、きょうの自分を基準にメニューを考える。

私も自分だけのマイ体操をやろうと奮起して、いろいろな本を買ってきては、効果がありそうなものを試してみます。まずは自分なりに一週間のメニューを作って、実行してみる。効果があれば、続けます。

ダンベルをやっていた時期もあるし、チベット体操をやっていた時期もあります。

それからウエストを細くするためのねじり体操や、骨盤を鍛えるスクワット……なども やります。

ヨガの先生は、みんな口をそろえて、「股関節《こかんせつ》の堅さが老い」だといいますね。股関節を柔らかく保つこと。少しの時間でいいから、毎日、効果的にその目的を果たせるようにカラダを動かします。

私の疲れは目からきます。そして本当に疲れてくると肩甲骨《けんこうこつ》が落ちてくる。肩甲骨はどこかの骨とがっちり組んでいるわけではなく、筋肉によって支えられている、いわば浮かんでいる骨です。だから筋肉が疲れてくると、肩甲骨も必然的にドッと下がってしまう。そうすると、余計に疲労感がとれなくなり、ついには腰痛にまで……。

疲れていないかな、カラダの具合はどうかしら？　そんな自分の状態をしっかり把握するためにも、朝と夜のマイ体操は欠かせません。

朝一〇分。夜五分。とても大切な習慣。一日のサイクルに組み込めちゃえば、こっちのものです。

脚のこと⑤
脚の健康のことだけを考えたらコンフォートシューズは正しいです。もちろん私も持ってますとも！

しかし私は靴フェチなので耐えられません!!

どこまでも歩ける
でもこの女休止中！ってふれ回ってしまう感じが…

おまけにチビ（155センチ）なのでハイヒールで全身バランスをととのえるのは大事なの。

（いいわけ）

靴と死ねば？…って？

いいえそんなこと…

一度はいたらだれもがリピートとりこになると言われるマノロ・ブラニク
それは安定感がすごいから9センチをはいてもすばらしい重心楽なはきごこち

ベージュ
先細
エナメルで
足長効果
バツグン
ヒール
ひくくても
ピエール・アルディ
マルタン・マルジェラ
タオル地の靴。
紺
プラットフォーム
という
手もある
6cm
3cm
9cm
フェティッシュなブーツ
ドリス・ヴァン・ノッテン
足の甲も
脚のうち
出してゆこう
とんでもない靴も
持ってます！
。。。
トレーニングしなければ歩けません
アズディン・アライヤ
エロイです。
ほとんどトゥシューズ？
ヌーディな
ルブタン
金色
ペディキュア＋ハイヒール
女、活動中ってカンジでしょ
3歳の時から
ハイヒールの絵を描いて
ウットリしていた私です。
あまりに
高いヒールの
日は
バレエ・シューズを
持っていきます。
無理すると
頭痛するし…
ベージュ
ひょう
一番はく
マノロのサンダル
水色スウェード

汗をかく、腎臓を冷やさない

血行をよくすることが大切とはよくいわれることですが、そのために汗を意識的にかくようにしています。

たとえば運動する前やお風呂に入る前にアミノ酸を飲むと、汗をかきやすい！　入浴剤も工夫して、お風呂でどんどん毒素を出してしまえば、代謝がよくなり、疲れがたまらない！　アミノ酸はスポーツクラブで売っているような錠剤を飲んでいます。減量用のものですが、ビタミンはもちろんのこと、αリポ酸、カルニチンなどの燃焼系も入っています。

ジムの場合、同じ四五分のメニューをこなす際に、アミノ酸を飲んでやるのと、飲まないでやるのとでは最後のオイコミ力が全然違います。疲れてしまうと、あごがあがってしまうし、そうなると、早く終わらないかななんて、時計にばかり目がいってしまって、効く運動も効かなくなる。そういうときにお助けサプリを飲むと、それだけで、最後まできっちりオイコムことができます。

それから塩もみマッサージ。これはすごくいい。血行をよくしてくれます。

今使っているのは、自然塩とローヤルゼリーと朝鮮人参が入っている、ねっとりタイプです。ピーリングも兼ねています。お風呂に入る際に、カラダの上にのせておいて、重点的にマッサージしたいところをもみもみする。そのまま湯船につかってもいい。肌がピチッモチッと活性化されます。

たとえ筋肉をつけて、体脂肪を落としたとしても、肌がそのままだとシワになっちゃう恐れが（キャー！）あります。それを避けるためにも、肌を引き締めることが大切です。塩マッサージで、なめらかで張りのある肌もゲットです。

一方で腎臓を冷やさないようにしています。

たとえば夜寝るときは腹巻き、ソックスが欠かせません。腹巻きなんていうと古くさいかもしれませんが、でもお腹を温めるだけでずいぶん腎臓が楽になりました。そしてソックスは、足首を冷やさないためにはきます。足首と腎臓はつながっているそうなのです。とはいえ、普通のソックスだと指の間がむれてゆっくり眠れません。そこで見つけたのが、足指フリーのソックスです。このソックスは薬局でも簡単に手に入ります。ダンスの時のレッグウォーマーもいいですね。家のあちこちに転がっています。

脚のこと⑥
脚は
かくすよりも
見せた方が
早く細る
気がします
ホントは
だれも
見てません
キュッ
でも
「見られてる」と
いう
自意識で
ヤセル！
初級
だれでも似合う
クロップド・パンツ
くるぶし上10cm
私のアニエスbは
うしろが
ピョンとはねてて
かわいい
中級
ヒザ下ギリギリは大体の人に
似合うと思う
ゆるんだヒザは
収納した方が
周りの人に親切
むずかしいのが
ふくらはぎ丈
太く見える
その場合
スカート幅を
広くする

上級中年ミニ
若くなくても美しい脚の人は
それなりの努力をしている
若い人の倍、美しい。
「洗練」は
時間経過の後に生まれる
大人の特権。
私が着ることにめざめた時の
教科書
着るということ
水野正夫
自分にドンピシャな
スカート丈を
知れ!!
いつかスカートいつか…
太パンを
脱げない
弱虫…

水野正夫・著
『着るということ』（藍書房）

腸からキレイになるエネマに出会う

「生きている」食べ物、酵素商品をたくさん食べるようにしていますが、同時に胃腸関係のテキストを勉強しているうちに、エネマというナゾにつきあたりました。エネマ＝腸洗浄と書いてあります。ダイアナ妃がやっていたというくらいの知識しかなかったし、偏見なのですが、すごい美容マニアがエステでやっているものだろう、くらいにしか捉えていませんでした。

でも、どの胃腸の本にも「エネマ」という言葉が出てくる。ありゃびっくり。エネマというのは一九六〇年代、七〇年代にがんの代替療法として始められたものだといいます。腸のなかに消化不良の食べ物を一日以上入れておくと毒ガスが発生する。そのガスをそのままにしておくと、やがて肝臓に流れ、肝臓はその毒ガス退治で大忙しになる。毒ガスにかかりっきりになってしまうため、本来の肝臓の大切な機能である解毒作用、そして免疫作用という役目が十分に果たせなくなり、その隙に弱い部分に出たがんの種がぱっと芽ぶいてしまう……そういう理屈のようなのです。

肝臓に負担をかけないために、腸を半ば強制的な方法を用いてでもキレイにしちゃうことがいかに大事か。食べ物の残りかすを体内に置いたままにせず、とっとと出してしまう。そうすると、仮にがん細胞がどこかで増殖しても、すぐにエイエイッとやっつけてしまえる機能を、わたしたちのカラダは持っているということなのです。

エネマってさてどうやればいいのか……。そうしたら街中の薬屋さんで売っていました。七〇〇〇円くらいのキットで、家庭でできる。シリコンのようなものでできた小さい水枕、ホース、口、エネマ液以上。なんでこれで七〇〇〇円もするんだ！　と思ってしまいましたが、でも始めてみたら納得。それだけの効果はありますね。

水圧を使ってエネマ液を大腸、または下行結腸、つまり大腸のラストのところに入れて、腸のあたりをマッサージしているうちに便意をもよおし、あっという間に出てしまう。腸がすっきり。それはそれはすっごいすっきり感です。普通に出す以上に洗って出すので、カラダがすごく楽。慣れたら所要時間五分もかかりません。

カラダにこんなによくて気持ちのいいことをするのに、おしりまわりにはタブー感がある。最初やるとき、私の頭をよぎったのはＳＭプレイや拷問だったし！　タブー感があるからこそ、やり始めはそれなりに興奮しましたが（笑）、すぐに慣れちゃいました。はみがきと一緒。朝夜、一日二回のエネマ・タイムです。

第二の脳で元気をゲット！

エネマに出会って、肌がキレイになったなあとか、味覚が急に研ぎ澄まされるようになったなあとか、目に見える変化がありました。唾液がよく出ているのが、自分で認識できる。そういったことがわかりやすい変化でした。でも実はもうひとつ、とても大きな変化があったんです。

私は毎朝、ぼーっとベランダに出て過ごすひとときを大切にしています。頭の思考スイッチを入れないのがコツ。ぼやっとふにゃっと過ごす。ふと、ああそうだ！　あれしようとか、あのシーンではこういうセリフを書こうとか、自分のほんとうのアイディアがぼこっと顔を出すのを待っている時間。

ところがエネマを始めてある時、おそろしく前向きなアイディアが出てきたんです。自分でも思わずぽっと赤らんでしまうようなアイディア。そんな考え方、今までしたことなかったなあという内容。それこそ、そうだ、世界の子どもたちのためにこんなことをしよう、みたいなね。

そんな自分にびっくりしてしまって、「何、今のアイディア、誰の考え？　私？」って感じ。だって私がそんなこと思いつくはずないので。でもそのあと、そんなふうにふと思いつく事柄がことごとく前向きになって、常にふわっと明るいことを考えるようになりました。それで、あ、そうか、これってエネマのせいじゃないかって思い当たったんです。

そういえば鬱《うつ》でひどいめに遭っている人はたいていひどい便秘問題を抱えています。腸のことを第二の脳と呼ぶ人もいるそうですが、その腸がセラトニンを作っているのだとか。ハッピーホルモン、セラトニンが出なくなってしまうのが鬱病なので、鬱と腸は非常に密接に結びついているのではないかと考えられている、と勉強しました。

鬱になると朝起きられなくなるといいますが、朝起きなくてもいいので、まずはエネマをしてみて！　といいたいですね（無茶か？　ハハハ）。腸をキレイにして、ハッピーホルモンをたくさん作ったら、ずいぶん様子が変わってくるのではないかと思います。頭がパンパン状態のときには、まず腸のお手入れをしてあげればいいんだと思います。

夜やってからベッドに入ると、腸がすきっとしたまま眠れます。眠っている間に私の酵素ちゃんたちが毒ガス退治みたいな余計なことをしないで、キレイなカラダ、キレイな肌を作ってくれるのではないかな。

11. 食計画

朝の水一杯で冷え性が治った！

私は四二歳でキムさんと結婚しましたが、結婚当初、キムさんはひどく驚いていました。朝、キムさんがリビングで新聞を読んでいると、私がもぞもぞ起きてくる。「おはよう」なんて声をかけて、私はコーヒーを持って、そのまま仕事場に上がっていく（仕事場は自宅の三階です）。朝食は起き抜けのコーヒーのみで済ませて、すぐに仕事を開始する。私にとってはそれが当たり前のこと。普通でした。でもキムさんから見たら、それは異常なことだった！

私は人から「こうしろ」などといわれることがものすごく嫌いなたちです。相手が親切心から口にしてくれたアドバイスでも、素直に受け取ることができないことがありました。キムさんはそういう私の性格をよくわかっていたので、起き抜けコーヒーの件に関しても、強制することなく、徐々に、教育を試みてくれました。

たとえばね、ある日起きると、台所のカウンターにお水が一杯置いてあるんです。コーヒーを淹《い》れるためにお湯がわくのを待っていると、つい手が伸びて、グググッとやったら妙に気分がよかった。キムさんは新聞を読むふりをしながら、そういう私の変化を、内心しめしめと思いながら、見ていたそうです。それからだんだん、起きたらまず一杯お水を飲むというのが自分の習慣になっていったんです。そして、そんなちょっとした変化なのに、カラダが変わってきた！

どう変わったかというと、まず、結婚した当初は、朝起きたら足の裏がつっぱっていた。腎臓がくたびれていたのかな？

血がどろどろしている感じが、自分でもわかりました。それが、朝一杯の水で、カラダのガチガチがなくなった！　冷えがとれて、腎臓も、肌のトラブルもなくなった。

最近は果物生ジュースにはまっています。繊維や皮もミキサーで潰すタイプではなくて、しぼった液体のみを飲む生ジュースです。果物本来の自然の糖分も入っているので、このジュースさえ飲めば昼まで何も食べなくても仕事ができてしまう。そのくらいエネルギーのあるものです。

キムさんのプロポーズは「あなたは私と結婚したらキレイになる」だったんだけど、それはまんざら嘘じゃなかったな。エイッてその言葉に乗ってよかった！　ありがとう、キムさん。

ダイエット①
50歳 人生最後のダイエット
もう太ってる場合ではない
30代のはじめにダイエットしました。
コツコツカロリー計算して。
6ヶ月で6kgスルリと。
体が若かったんですね
やれば、すぐやせた。
でも40すぎたら……
なんでだ？
なにをやってても
いや〜〜
落ちませんな〜
ひたひたと押し寄せる
体力低下のキョーフ。
そして毎日、いつも、
24時間感じつづける
過体重のストレス（涙）
美しいものを
着られない
ストレス
メタボ…
不健康の
ストレス
外見と
中味の
ギャップのストレス
ドキッ
心は
若い
外見中年
それに
疲れが
とれないの
中年……

友達の横森理香さんの本を読んでてバカ受けしてしまった。
横森理香
40代・デトックス処女
「中年にとっての元気」は「疲れないこと」
ワハハ
その通りだ！
「疲れないくらし」にシフトする
それはそのまま私の今年の目標になりました。
私は放っておくと自分の体を無視して目的最優先になってしまうクセがありました。
20代から20年
仕事が「主人」で私が「ドレイ」。そんな生活をやめたのは40ぐらいの時です
あーもう人間になる
それから少しずつ自分の体から全体を決めてゆくーーに習慣をかえました。
つまりずっと疲れない生活を求めていたのです
若い人はまねてはいけません
限界までやって自分の幅を広げろ!!
今のマイブームは「疲れる前にやめる」
あ！もうすぐ疲れるッ
ポイッ
休んで、またやる。
結果としてダイエットになってました

横森理香・著『40代・デトックス処女！』（河出書房新社）

12. 食計画

カロリー制限よりも調味料に気を遣う

食事を一緒に楽しみたい人がいるのに、ダイエット中だから美味《お い》しいものを食べる幸せを共有することができないなんてこと、私はしたくありません。それって、あまりに美白で頭がいっぱいになっていて、夏場に黒いシャツ着て、黒い傘さして、あやしいオーラを振りまいている人となんら変わらないように思うのです。この人、美白に気を遣っているからこんなに肌がキレイなのね、ということはよくわかりますが、でも「変な人」になっちゃったら、いくら色白美人でも、元も子もないのではないでしょうか。ダイエットも同様で、せっかく人と楽しくご飯を食べようとしているのに、カロリーのことを考えていたらつまらないと思うのです。

それで私は食事制限よりも調味料に気をつけるという方針をとることにしました。結局のところ、カラダに一番多く入ってくるものは、毎食使う調味料やだしなのですから。そうした基本の部分で、日々充実したものを体内に摂《と》り入れようと思っています。そして毒が入ったら、そのつど出せばいい。そのくらいの気持ちです。

★油

非加熱の植物オイル、オリーブオイル、ごま油、白いごま油、グレープシードオイル……。何にでも合うから、温野菜、焼き魚、うどんにもそばにもピョッとかけたりします。ブランドもいろいろで、探して買って来て試してみて、美味しかったら続けてみるという感じです。お取り寄せも利用しています。

ちなみにキムさんはマイオイルを持ち歩いています。お店でもパッパッと料理にかけて食べている。このときの持ち歩きのポイントは、プラスティックの入れ物に入れないことです。食べ物は生きている「気」のものなので、純度の低い器に入れてしまうと、よくない……そういう考え方に基づいています。プラスティックよりもガラスや木の入れ物など、自然のものにこだわるようにしています。

★だし

こんぶとしいたけとかつおぶしの基本のだしを常に作っています。それにお酒と塩をちょっと加えて味つけをする。これを冷蔵庫に入れておくととっても便利。何を作るにもそのだしを使えるから。これに慣れちゃうと、合成モノの味はすぐにわかってしまう。ジャンクな美味しさというのもあるけれど、それは時々でいいです。

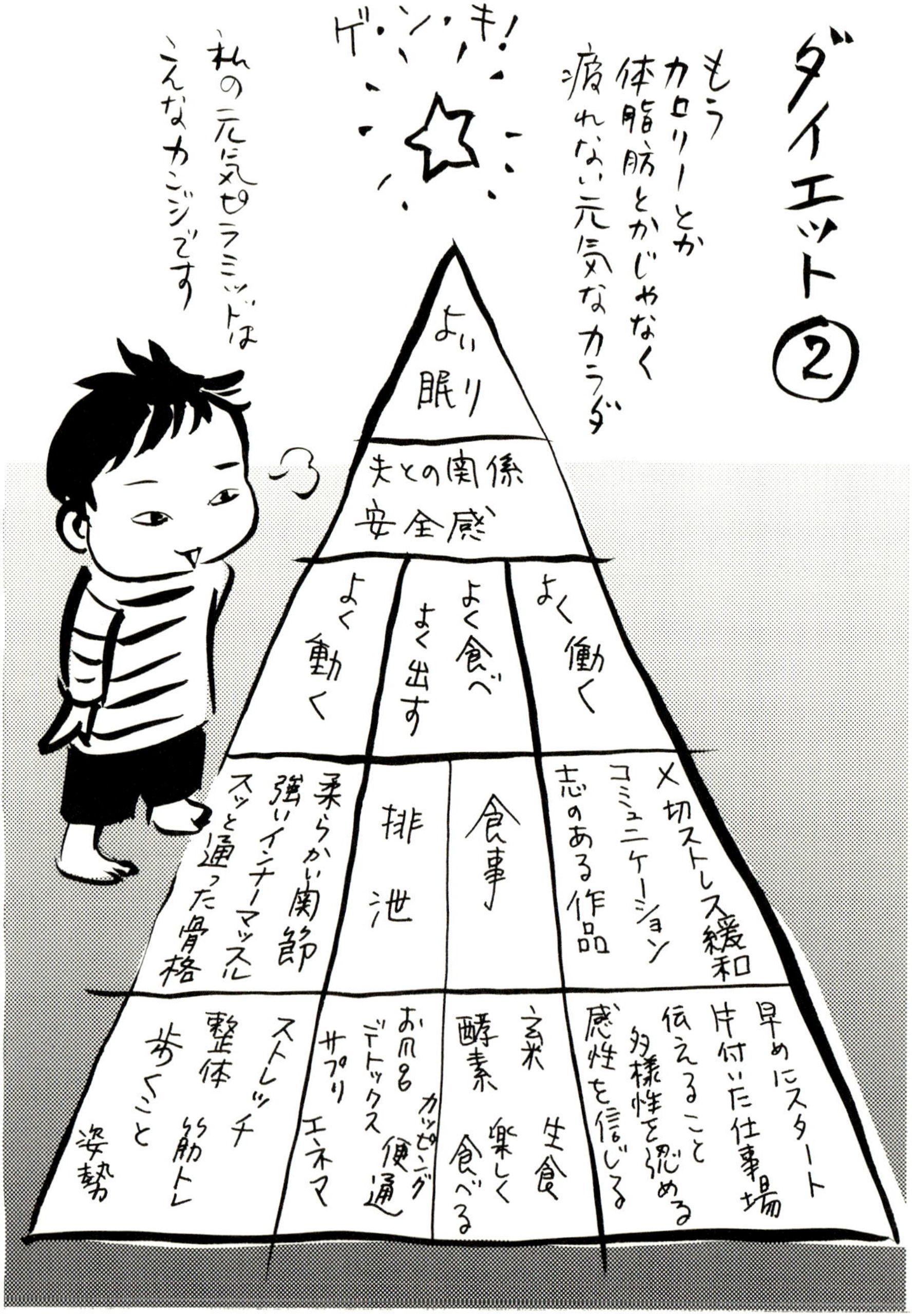

ダイエット②
もう
カロリーとか
体脂肪とかじゃなく
疲れない元気なカラダ
ゲ・ン・キ!
私の元気ピラミッドは
こんなカンジです
よい眠り
夫との関係
安全感
よく働く
よく食べ
よく出す
よく動く
メ切ストレス緩和
コミュニケーション
志のある作品
食事
排泄
柔らかい関節
強いインナーマッスル
スッと通った骨格
早めにスタート
片付いた仕事場
伝えること
多様性を認める
感性を信じる
玄米
生食
酵素
楽しく
食べる
お風呂
デトックス
サプリ
カッピング
便通
エネマ
ストレッチ
整体
筋トレ
歩くこと
姿勢

元気という土台の上の
靴フェチであり
おしゃれであり
仕事であり
女であり
更年期なのです
私の
元気の基準
体温36.5度
お通じ1日2回!!
ぐっすり眠り
スッキリめざめ
仕事に
夢中に
なれる!
お酒とごはんが
おいしー
一番簡単に
体調上るのは
メチャ踊り〜
なんちゃって
サルサ
ウソ・ベリーダンス
エセ・フラメンコ
ビートルズでGOGO
とりあえず
体調は上げていこうっ!!

午前中は内臓を休める時間に

朝起きて、水を飲み、オレンジをしぼってジュースを飲みます。でもあとは基本的に、「全部出るまで食べない」が原則！　つまり、「出る」まではお茶やジュースといった水分しかとらない。午前中は内臓を休め排せつに徹する時間として考えています。朝ご飯をしっかり食べれば「出る」と思い込んでいましたが、そういうものでもないみたいです。もちろんお勧めしている人はなかなか時間的に難しいと思うし、若い頃はしっかり食べたほうがいいのかもしれませんが、四〇も過ぎるとこうした内臓を休める時間をきっちりとることがカラダに馴染《なじ》むようになりました。

人間以外の動物は、始終食べてはいません。具合が悪いと暗いところに行って丸くなってじっとしているものです。そういう「休める」時間に、カラダは自分で自分を調整しているように思えます。それで午前中だけでもしっかり「休める」ことを習慣として取り入れてみたのです。

その意味では、断食道場は一定期間、内臓を休めるいい機会です。私も一度体験しましたが、断食中はカラダ中がどんより重くて、頭もズキズキ痛くなった。頭痛の原因は、食べないことによって体脂肪が燃えて生じる作用にあるそうです。二泊三日で確か二・五キロ痩せた！　即効性のダイエットという意味でももちろん効果があるし、自分のカラダをいったんリセットするという意味でもいい機会だと思います。

私が生ジュースにこだわる理由も、結局は内臓を休めたいから。しぼった液体だけだと、酵素で消化する必要がないからは胃が動かない。最速一五分くらいで腸に行っちゃうんだって。お肉なんかだと胃で消化するだけで四、五時間かかるらしいです。食べると眠くなるっていうけれど、あれは、カラダの働きとして当然の作用なんだと思います。

胃は消化、腸は吸収って考えて、効率よく吸収してもらえる生ジュースを重宝しているというわけです。

午後に仕事の山場があるときは、昼食もほどほどに控えるようにしています。雑食しないように、そばならそばだけとか。そのほうが、きっと消化も吸収も、カラダは楽なはずだから。逆に「肉が食べたい〜」ってときは我慢しないで食べる！　それも夕食に！　夕ご飯を軽くすればその分体重は落ちるけれど、私の場合、夜は仕事がないからゆっくり消化に充《あ》てられる。夜にタンパク質や、消化に時間がかかるものを食べてうっとり眠ってしまうっていうのは、私の生活に合った内臓の使い方なんです。

それぞれ、自分の生活に合わせて、内臓の使い方を意識してみるといいかもしれません。

ダイエット③

人間の体は
夜23時〜朝4時まで
体内のメンテナンスをしてます。

脳はその日の情報を
ファイルし
細胞やDNAの傷は
修復され
病気の元やガンの芽は
つみとられ
朝4時〜11時までは
大排泄をしているのだ
そうです。

この大事な仕事を
しているのが
酵素です

酵素って何?

例えば
社内の書類や
情報

世界をめぐる
お金みたいな
ものです

¥ $

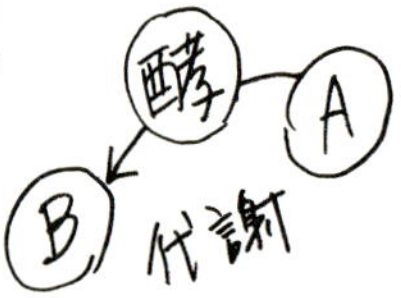

大切でしょ?

もっのすごい量の酵素が
大活躍するのが夜♡

だから食事は
遅くとも
21時までに

ダラダラ夜中に
食べると
消化吸収に酵素が
つききり。お肌に回らないの。

体内23時
材料はそろった!
全身の見回りに行ってきます
だれ?→
そして4時まで
メンテしまくり
こっちもッス
明け方ゴミ出しキッチリ!
毒
カス
毒
水
確かに4時から鼻水が出てくるんです
私……
ズビ
あ4時…

14. 食計画

カラダに「いい」ものを常備しておく

うちの台所を見渡すと、ごまや海藻、玄米といったカラダに「いい」ものがいつも手の届く場所にあることに気づきます。ちょっとひと味足りないときにごまをふりかけたり、ふのりをお味噌汁に入れたり……なんてことをしています。常備しておくと、必要以上に意識することなく、体内に入れることができてお勧めです。

また、常備といえば、宝寿茶という、はとむぎとか何種類も入った野草茶を飲んでいます。朝、大きめの急須で作って、一日飲みつづける。多分最低でも一日一リットルはゴクゴクやっていると思います。うまく毒が抜けるし、血のめぐりもよくなります。来客にも出しますが、すごく評判いいです。

★あずき入り玄米ご飯とマクロビ

玄米ご飯は前から食べています。でもあずき入りはもっとカラダにいい。このあたりを毎日しっかり食べていれば、他のことにはそんなに気を遣わなくてもいいのではと思えてきます。

雑穀の割合はどのくらいまでなら美味しいかとか、そういうことを研究するのも、結構おもしろいです。玄米、野菜、豆腐、ひじき、ごぼうみたいなマクロビの生活は中年以降の食事としてはすごくいいですね。

★ごま
ごまを常備しています。黒ごまとか金ごま。自分でブレンドしてパラパラかけて食べます。おまじないとしてかける意味もあるかもしれません。すったほうがカラダへの吸収はいいとも聞きます。無農薬のごまは高いです。つまりごまはいかに農薬を使われているか――ということ。

★海藻類
ふのりやもずくもよく食べます。

ふのりは自然医学では胆石の薬だそうです。乾燥タイプをお味噌汁に入れたりすることが多いです。栄養価が高くて、腹持ちがいいので、ダイエット食としてもよさそう。

ダイエット④ デトックス

体に入った毒を出すのは
とっても大変な仕事
肝臓の負担
酵素のムダ使い。
日本人は400グラム/年の
毒をとっているらしい
90%は排泄されるが
じゃあ、残り10%は?
40gの毒は
たまってるの?
——で
デトックスです

便秘は絶対ダメ!!
キム氏は1日3回出るみたい…
ふっ
くそ〜っ
一番のデトックスは尿、便、汗 ガンガン出す方向で!!
1日1回か2回コーヒー・エネマします。
コーヒー浣腸キット
3大毒
カフェイン
ニコチン
アルコール
ギャー
ごめんなさい 全部やります…
とにかく大便を停滞させると毒ガスが…
キレイな水をのむ

添加物や
重金属も
気になるので
デトックス効果
の高い野菜は
常食する
アスパラガス
キャベツ
小松菜
ニンニク
ニラ
ネギ
ブロッコリ
アブラナ科の
野菜
キノコたち
ショウガ
ワカメ
コブ
シャンツァイ

15. 食計画

酵素が生きているものを取り入れて

酵素に惹かれるようになった直接の原因は、納豆食です。

あるとき続けて毎日納豆を食べていたら、見事なう○こちゃんを生んでしまって、それが衝撃でした。軽くてでっかくて元気なう○こ。

それまでも腸の調子は決して悪くはなかったし、毎日必ず一回あったのですが、それにしてもこんなに見事なものを生んだことはなかった。納豆が腸内の善玉菌を増やすって本当なんだなって実感しました。

「元気デス！」というカラダのサインに大感動して、「キムさん、キムさん、納豆ってすごいねー」ってキムさんに話したら、「私は一日三回出るよ」ってあっさり。超人ですね、恐れ入りました。

この経験を通じて、私が目指すべき結果はこれだ！ と確信しました。

デトックスというのはとにかく尿便汗を上手に出すこと。

この軽さ、大きさ、元気な感じを目指して毎日食べたり運動したりすればいいんだって。すごくシンプルでしょう。

それで納豆以外に発酵食品に関する本を読みあさっていったら、よいものを食べましょうって書いてある。よいものって何？　って思ったら、「よいものとは生きているものです」とある。酵素が生きているもの。ナマのもの。それは果物・生野菜、生の魚だったり、お味噌だったり、生醤油だったり、漬け物だったりの発酵食品。追っていくと日本の伝統食が非常によい食べ物であることがよくわかった。こうした食べ物は腸内のバランスをうまくとってくれる。

生きている酵素の入ったサプリメントは薬局や健康食品のお店で買うことができます。果物の味がする粉状のもの。ソース状にしたもの……。穀類や果物を発酵させて作っているようです。植物性発酵食品といいます。値段は少し高いけど、毎日飲むようになりました。あとは加熱処理していない生きているはちみつね。熱を通さないことで、はちみつの酵素が生きているんですって。ヨーグルトなんかに入れて摂っています。

食後に飲む酵素食品もあります。油物を食べたあとに、この酵素食品を体内に入れると、胃のなかの糖や油分を食べてくれちゃうって。だから痩せますよって。確かにダイエットにいいかもなーなんて思います。

ダイエット⑤

できる範囲の酵素食生活

酵素が
生きているものを食べる
＝
生のものを食べる

酵素には
その土地や生命の
情報が入っている
それを食べると
体が生きかえる

その酵素40度の熱で死んじゃうらしい……
う〜ん

毎朝季節のみかん類しぼるの図
ぐ…
業ム用↗
生きているものを食べる
冷え症の人は生ジュースは気をつけてネ
キムより
この人は酵素かぶれで陰陽五行を忘れてしまうことがあるの

福岡伸一・著『生物と無生物のあいだ』（講談社現代新書）
新谷弘実・著『病気にならない生き方　ミラクル・エンザイムが寿命を決める』（サンマーク出版）

発酵食品は酵素のカタマリ！
お酢
恒順香醋
なっとう
ぬかづけ
生味噌
生しょうゆ
エクストラバージンオリーブ
グレープシードオイル
SOLLEONE
olio di Vinaccioo
GRAPSEED OIL
RAVIDA
腸内健康
元気
美肌
病気にならない生き方
新谷弘実
酵素栄養学入門本
食べものは「車にとってのガソリン」と同じだと思ってませんか？
ちがうのです「車の部品」なのです
つまり「コンビニ食」したら数時間後に体中の細胞の中に「コンビニ」が入ってしまうのです。
事実もすごいけど文章がうますぎ この人
生物と無生物のあいだ
福岡伸一

だらだらご飯でムダ食いを減らす

献立を立てるというと、通常、お肉かお魚のメインをどうするか決めて、そこにどんな副菜が合うかを考えることだと思います。私もそう思っていたのですが、結婚後、キムさんの影響を受けて変わりました。

まず、献立は立てない！　献立てない!?

かわりに、たとえばある日の我が家の夕食を再現してみましょう。

最初に油揚げをさっと焼いて、菜っ葉類と一緒におひたしを作る。それからじゃがいもときゅうりのサラダを作る。そうしたお酒のおつまみを一、二品並べるところから夕食スタートです。まずはお酒と一緒に「食べ物」をお腹の中に入れてしまえ、という考え方です。それでそうしたものをつまみつつ、お酒を飲みながら、「きょうは何にしようか？」などと相談して、「じゃあ、肉豆腐を作ろうか」などと、もう少し「重め」のおかずを作り始めるのです。そして肉豆腐を食べて、まだ小腹が空《す》いていれば、「おそばにしようか、それとも雑炊にする？」といった具合に、お腹と相談をしながら次の一品を作ります。

最初に一、二品お腹に入れておけば、ガツガツとしたムダ食いがなくなるように思います。そしてお腹の空き具合と相談しながら食事を作ることで、食べ過ぎを避けられる。また、その時の気分に合わせて、食べたいものを食べたい分だけ食べることができる。

だらだらご飯とはそういうご飯です。

ドラマなどで奥さんが夕飯を作っているのに、旦那さんが帰ってこないなんてシーンがよくありますが、あれはどうなの？　私が男だったら重く感じてしまうかもしれません。一生懸命作りすぎてしまうと、相手が食べなかったときの作り手のイカリもすごいし……。

「今日のご飯、どうしようか？　何食べる？」という感じのほうが、お互いの関係にとってベターではないかと思ってしまいます。

すごい手の込んだ豪華なメニューよりも、基本のお米や味噌やのりや油揚げを常備しておけば、毎日の食卓は素朴でも、健康的で美味しいものになるのではないでしょうか。「さあ、料理をするぞ！」と構えないで済むだらだらご飯、なかなかオススメですよ。

ところで、油揚げは大変使い勝手のいい素材です。大豆タンパク質もあって、健康的！ちょっと焦がして、玉葱《たまねぎ》と一緒にドレッシングで和《あ》えたり、千切りの大根とおかかと一緒にして醤油で味つけするとか。水菜と一緒におひたしにするとか。

だらだらご飯の最初の一品になくてはならない重要な存在です。

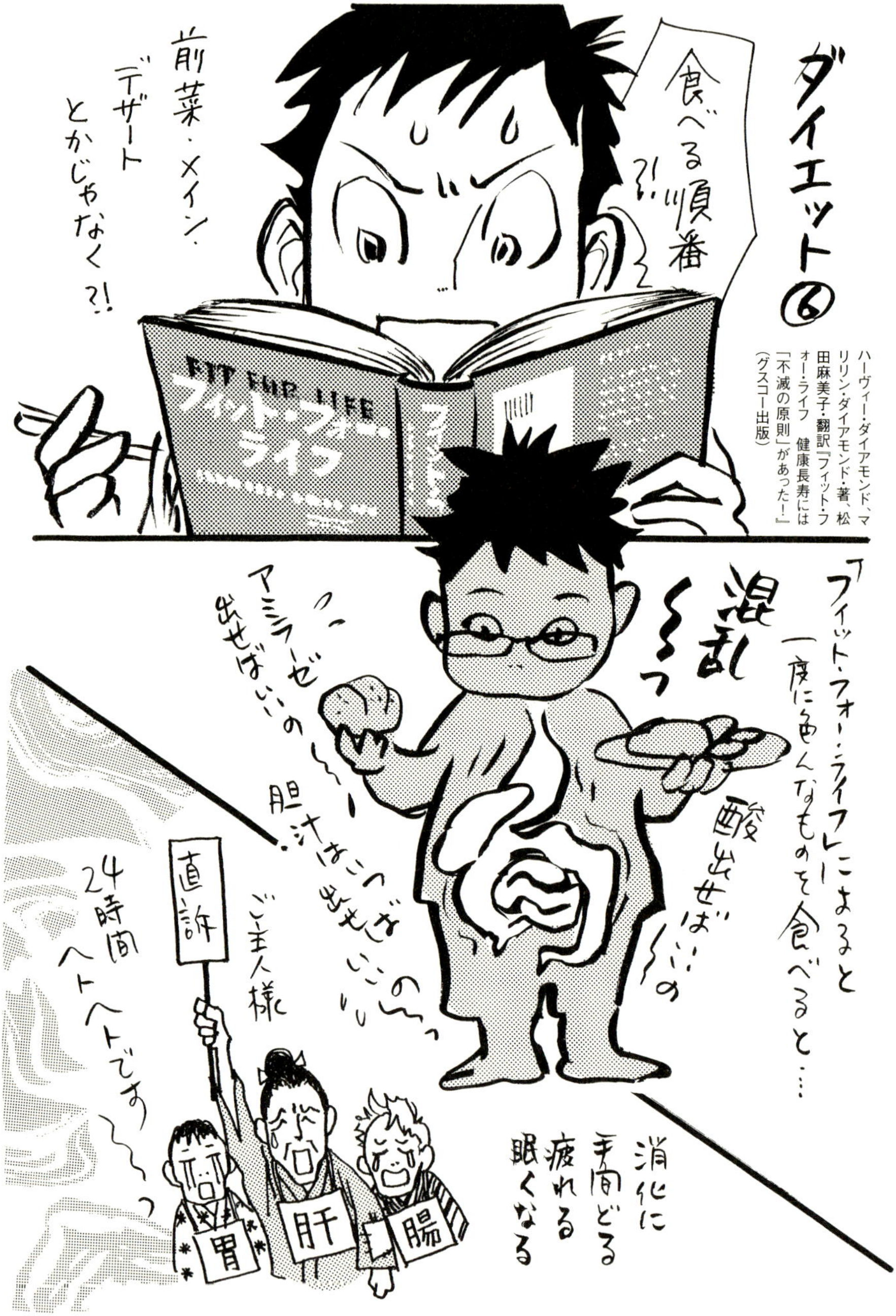
ダイエット⑥
食べる順番?!
前菜・メイン・デザートとかじゃなく?!
FIT FOR LIFE
フィット・フォー・ライフ
「フィット・フォー・ライフ」によると一度に色んなものを食べると…
混乱〜っ
酸出せばいいの
胆汁はこっち出せばいいの〜っ
アミラーゼ出せばいいの〜
消化に手間どる
疲れる
眠くなる
直訴
ご主人様
24時間ヘトヘトです〜っ
胃
肝
腸

ハーヴィー・ダイアモンド、マリリン・ダイアモンド・著、松田麻美子・翻訳『フィット・フォー・ライフ　健康長寿には「不滅の原則」があった!』(グスコー出版)

食べものは
それぞれ
消化にかかる
時間がちがう
速いものから食べる
——って方法です。

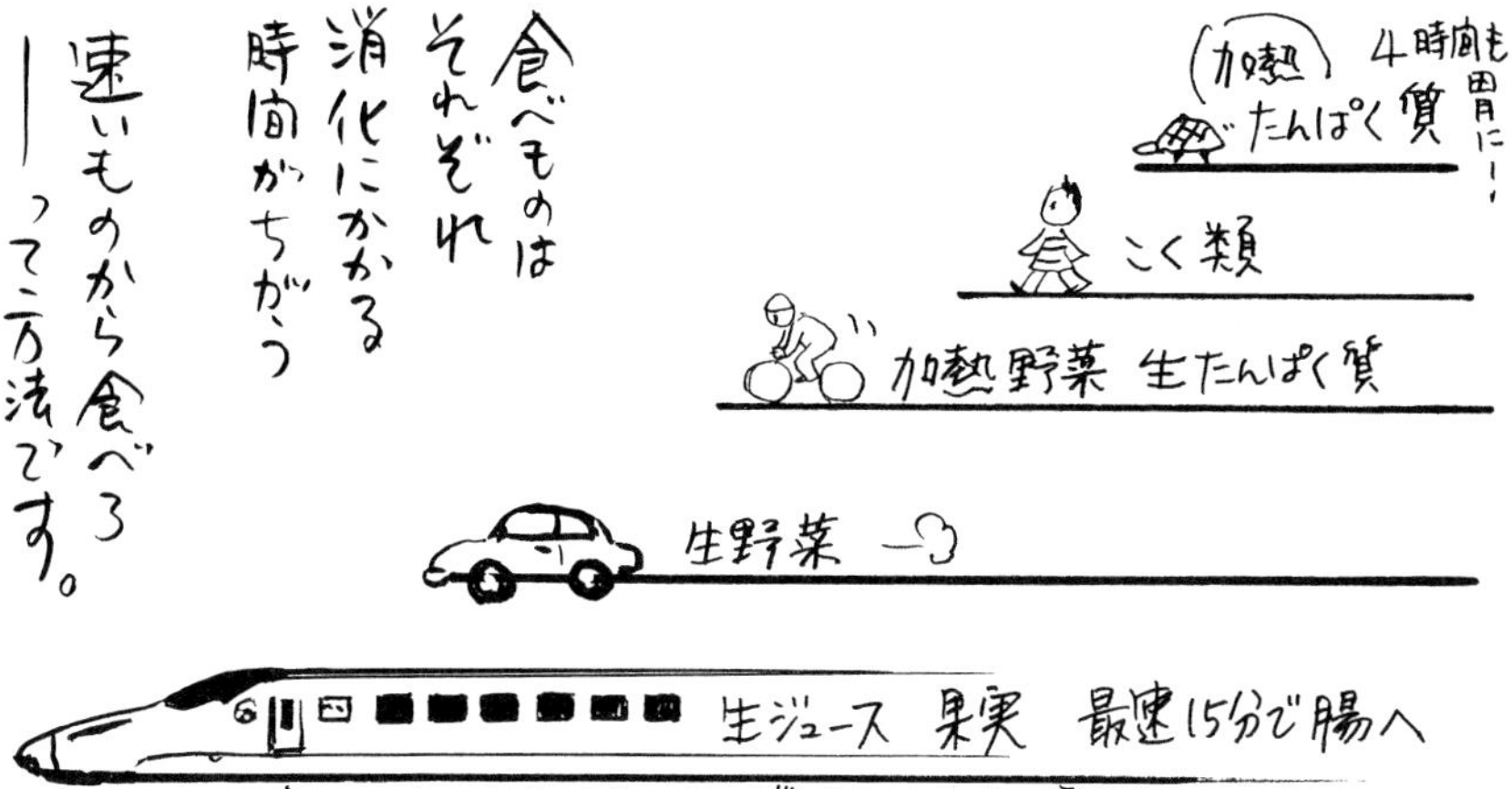

4時間も胃に！
(加熱)
たんぱく質
こく類
加熱野菜 生たんぱく質
生野菜
生ジュース 果実 最速15分で腸へ

消化吸収器官は1本のくだです。渋滞するとすぐに腐敗がはじまって
毒ガスが…ゲプッ

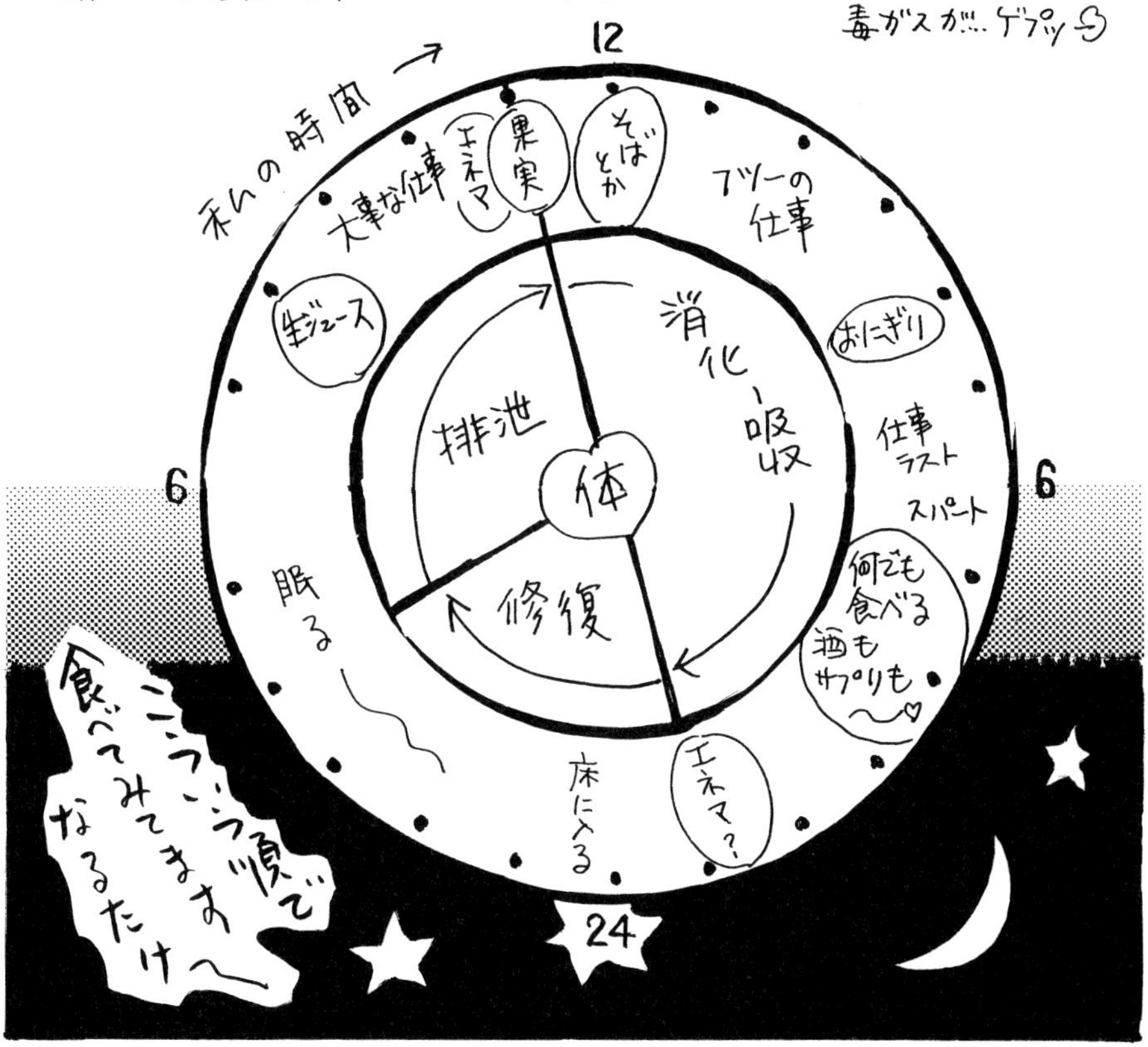

12
私の時間
大事な仕事
エネマ
果実
そばとか
フツーの仕事
生ジュース
おにぎり
排泄
消化・吸収
体
修復
6
6
仕事ラストスパート
何でも食べる
酒もサプリも〜♡
眠る
床に入る
エネマ？
24
こうこう順で食べてみてますなるたけ〜

自分だけの料理の「先生」を見つける

台所の一角に料理本のコーナーがあります。

母親が料理上手でそれを受け継いだ子どもはラッキーです。しかし、多くの場合、一人でじたばたしながら身につけるものではないでしょうか。だからこそ、じたばたするときに助けてくれる自分だけの「先生」探しがとても大切。テレビでも、ネットでも、雑誌でもいい。自分の味覚にピタッとくる「先生」を探しましょう。

私の場合、料理の「先生」は圧倒的に本が多いです。本屋さんのお料理本のコーナーに行くと、すごい数の本が並んでいます。そのなかで、どういう料理が自分に合っているか、いろいろ試しながら、自分の「先生」を探します。

これまでもいろいろな「先生」と出会ってきました。そのときに自分が求めるものによって「先生」の好みが変わることもあります。それでもずっと好きな先生もいます。その一人が土井善晴先生です。

土井先生は、おうちの料理はプロの料理人が作るものとは違って簡単で、おいしくて飽きなくて、何度でも作れるものに限るという考え方の持ち主です。先生の本に紹介されているレシピを、これまで何十回と作っていますが、本当に飽きません。そんな土井先生が出す新刊本は、必ずチェックします。

もう一人の私の「先生」は高山なおみさんです。高山さんは自然な人。見た目はフェミニンですが、料理は男らしい。本や雑誌で高山さんが発しているメッセージには武士的なかっこよさがあるんです。つまり、素材と真っ正面から対決している感じ。特に野菜料理の追求の仕方は際立っています。野菜料理の本は絶対おすすめです。じゃがいも、にんじん、ごぼう……。野菜の素《す》の良さをシンプルな料理で引き出してくれます。

何冊も持っている料理本のなかでも、ひと際分厚いのが小林カツ代先生の『小林カツ代料理の辞典　おいしい家庭料理のつくり方　２４４８レシピ』です。これには何でものっています。素材別、料理方法別でひけるので、たとえばかぶがあるとき、素材別の「かぶ」でひくと一〇種類以上のレシピが出てきます。その中から、冷蔵庫の材料と見比べながら、何を作ろうかな～と考えます。または「今日は煮込みが食べたいな～」などと思えば、「煮る」でひくことができます。

おしゃれな料理や凝った料理よりも、素材の良さやカラダに合う料理を教えてくれる「先生」を身近に置いておく、それに限ります。

小林カツ代・著『小林カツ代料理の辞典　おいしい家庭料理のつくり方２４４８レシピ』（朝日出版社）

ダイエット⑦

細胞にたまった毒
それが太りです
体のあちこちが
ゴリゴリジャリジャリ
それが毒です
流し出してやれば
水も血もめぐり
エネルギーがゆきわたり
代謝のいい
柔らかな体に
なるのです。

ちょっぴり太めの方がかわいい
とか言ってる場合だろうか
デザートは別腹とか
ギマンしてて
いいのか
小太りの
病人になんか
なりたくない!!

走って走って
ラストで
最高にノッて
テープを切る
死の方に
ジャンプ!する
それが私の
臨終のイメージ
ほいっ!
此岸
彼岸
三途リバー
だから
元気でないとね
病気でだんだん とか
ガンのキョーフで
パニックで死ぬとか
薬の副作用で
ボロボロ とか
避けたい……
なるべく…

「持ち歩き」で空腹を我慢しない

昼、外出するときはおにぎりを持って出ることが多いんです。塩気をちょっと強めにして、残りご飯をパパパッと握る。何件か用事が重なるときなど、用事の合間にぱくって食べてしまいます。公園のベンチで食べたり、歩きながら食べちゃったり……。旅人がおむすびをほおばりながら走っていく感じなんですけどね。

なぜこんなふうに「持ち歩き」をするかというと、お腹がすいて、「ここでいいや」みたいな適当な気持ちで店に入って、食事がまずかったりするとかなりがっかりするから。食べられればいいと思って入るのだからそれ以上は何もいうまいとは思うけれど、それでもまずいものを食べると気持ちまで「あーあっ」となっちゃう。「うっかり失敗」より「しっかり安心」したいから。用事はそのあとも続くのですから、眠くなったり、カラダを重くしたり、毒まみれにしてる場合ではない。

そしてもうひとつの理由は自然医学の考え方で、ひどい空腹はカラダによくないというもの。たとえばあと三〇分でレストランにたどり着くというときでも、その三〇分間空腹を我慢するよりも、軽く何かお腹に入れたほうがいい。そんな考え方です。

昔は、お腹がきゅるきゅるいっても我慢して、店に駆け込んだとたん、いきなりアルコールと前菜をかき込むといったようなことをやっていましたが、今は、おにぎりや小さな玄米のおせんべいを持ち歩き、お腹がすくと一、二枚口に入れる。ほんの気持ちでも食べ物をお腹に入れると落ち着くから、いざ食卓についてもがっつかずに済みます。そうやって食べ過ぎを防ぐこともできる。

夕食前の四時、五時くらいにおにぎり一個とかおせんべいなどを食べることが多いです。あとは運動したあと、駅の売店で乾燥梅干しを買うことも多い。運動のあとは、カラダがクエン酸を必要としている。そういうときにはアミノ酸飲料ばかりを飲むのではなく、梅干しを一個口にほうり込むと、ずいぶん疲れがとれる気がします。

キムさんは常に木の実やドライフルーツを「持ち歩き」しています。たとえばお店で肉を食べて店を出ると、必ず干した杏を出してくれる。「はい」って。杏は肉類の消化を助け、毒出しする役目があるそうです。

そんなちょっとした「持ち歩き」が、カラダを優しく労《いたわ》ることにつながっているように思います。

19. 食計画

買い物に行ったら季節のフルーツを買う

冷蔵庫にいつも入れておくもの……。

にんにく、しょうが、ねぎ、ヨーグルトなど……。そして卵をきらすことがあっても、フルーツはきらさないようにしています。

フルーツは、意識していないと、なかなか買い置きできない。ちょっと食べ忘れて置いておくと、傷んでしまうし。だからこそ、買い物に行くと、必ずなにか一種類は果物を買うように習慣づけています。

台所のカウンターにフルーツがあると、ちょっと小腹が空いたときにでも、ぱくっと口にすることができます。意識的に季節のフルーツを取り入れるコツです。

結婚してすぐの真冬のある日、カレーをめぐってキムさんと大喧嘩になったことがありました。私が無性にカレーを食べたくなって、店に入ろうとしたのですが、彼が信じる自然医学の考え方からすると、こんなに寒いときに辛いものを食べるなんて絶対よろしくないという。私としては、その瞬間「食べたい」と思うものを食べるほうがいいと思っているから、そんなに「ダメ」っていうのなら、もう食事はしないなんてすねて、大喧嘩になってしまいました。

そんなこともありましたが、最近では私自身も季節に合った食事というのを意識するようになりました。

たとえばカラダを温める作用がある唐辛子系は冬食べる。茄子《なす》のようなカラダを冷やす作用がある野菜は夏食べる……。そんな具合です。

旬のものを食べるのが、カラダに優しい食べ方です。

そのほか、紅茶を飲むとき、冬だとしょうがを入れてジンジャーティーにするとかね。そこにさらにはちみつを足したり。そんなふうに、ちょっと工夫をするだけでも、カラダに対して優しくしている感じがするでしょう。

スーパーに行くと一年中同じような野菜や果物が並んでいますが、そこは自分の知恵《フォース》を使って、季節に合った野菜とフルーツを手に入れることをおすすめします。

20. 食計画

まず一週間は続けてみる

世の中には健康食品や健康にまつわる情報が溢《あふ》れかえっています。

私もテレビや雑誌や本でそうした情報に触発されることは多々ありますが、とはいえ、それらをひとつずつ全部試していてはきりがありません。ある程度、自分のなかで法則を作って、取捨選択した上で取り入れないと、ただの「情報に振り回されるオバハン」になってしまいます。

私の場合、「これはもしかすると効果があるかもしれないな」と思ったことは、まず一週間試してみることにしています。一週間くらい続けないと、どんなことでも効果は出ない（そう、三日坊主だと、何ごとも効果は出ません）。一週間で効果が出れば続けるし、出なければやめる。シンプルな法則ですが、いい基準になっています。

そうやって続けていることはいくつかありますが、なかでもプロポリスと朝鮮人参はずいぶん何年も続けています。おまじないという気持ちもあって、毎日必ず飲んでいます。

★プロポリス

蜂が巣を作るために出す分泌物を精製したもので、「天然の抗生物質」と呼ばれています。キムさんの影響で飲み始めました。液体を五滴、寝る前に飲みます。ノドの炎症に効きめアリ。殺菌力があるそうです。ちょっとおかしいと思っても、飲んで寝れば、次の日はすっきり。持ち歩き用としてプロポリス飴《あめ》もいつもバッグに入れています。服にたらしたら絶対取れません。ご注意を。

★朝鮮人参の粉

夜、眠る前に小さじ一杯をおちょこ一杯の水にといて飲みます。朝鮮人参は血行をよくする効果があるそうで、女性や低血圧の人にとってもいいそうです。私の場合、これを飲んで寝ると、眠りが深くなるので、睡眠時間がきちんととれない忙しい時期も、これで乗り越えます。朝の目覚めがいいというのは、気持ちのいいものです。きっとカラダに合っているのだと思います。でも高血圧の人にはよくないとも聞きます。そのあたりは気をつけたほうがよさそうです。我が家にはキムさんのお父さんからいただいた特大の朝鮮人参酒（朝鮮人参を焼酎に漬けたもの）もあります。これは飲まずに大切に飾ってある。すごい大きさで神々《こうごう》しいです。拝む。

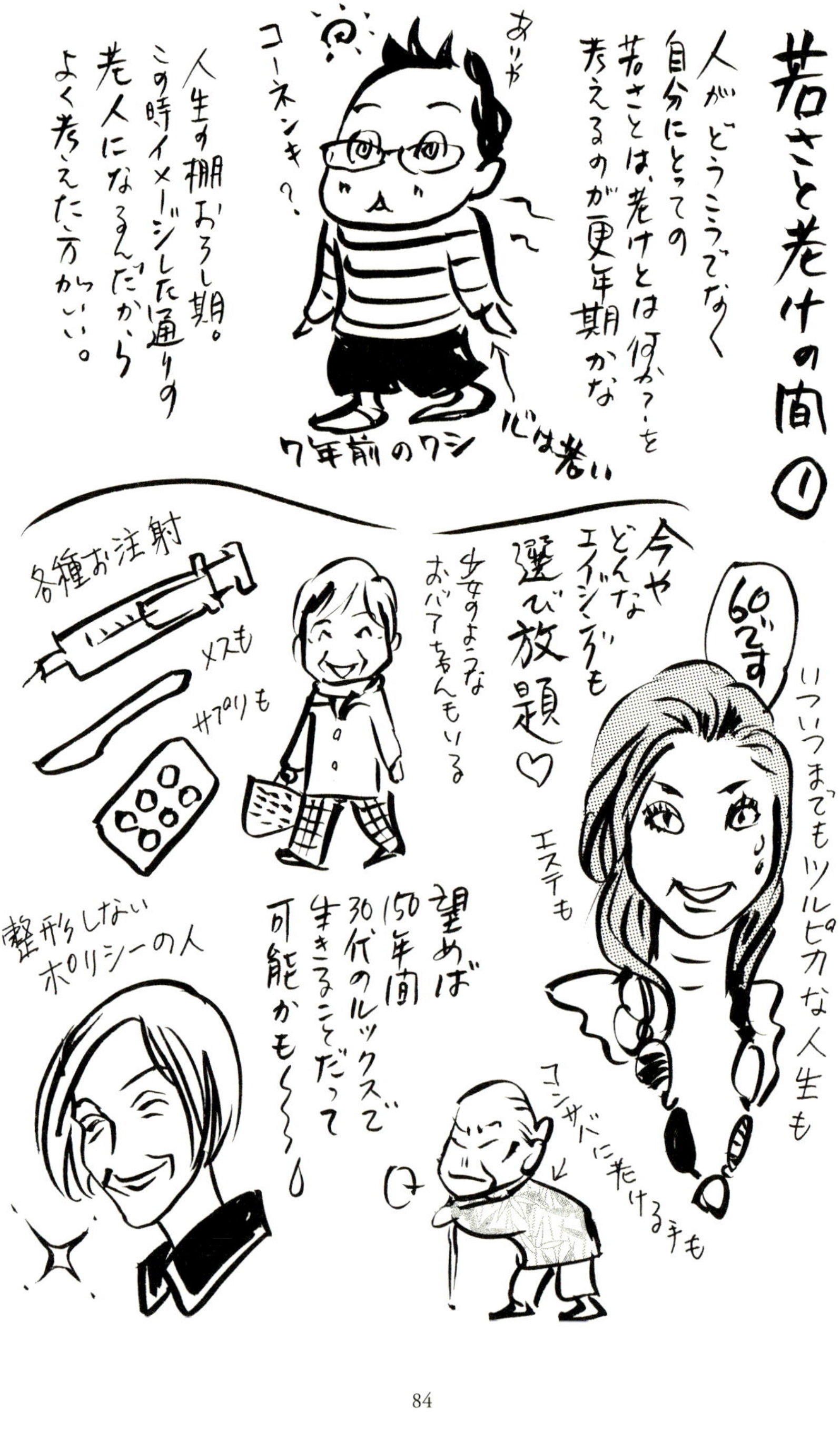
若さと老けの間①
人がどうこうでなく
自分にとっての
若さとは、老けとは何か?を
考えるのが更年期かな
ありゃ
コーネンキ?
心は若い
7年前のワシ
人生の棚おろし期。
この時イメージした通りの
老人になるんだから
よく考えた方がいい。
今や
どんな
エイジングも
選び放題♡
60です
いついつまでもツルピカな人生も
エステも
少女のような
おバアちゃんもいる
各種お注射
メスも
サプリも
望めば
150年間
30代のルックスで
生きることだって
可能かも〜〜
整形しない
ポリシーの人
コンサバに老ける手も

でも
本当に願うのは
どんな人生でしょう
退屈な150年は
むしろ拷問でしょう

私は
いつも今に集中して
気付いたら
「えっ、終ってたの？ 私」
なんて感じが
いいんですけど

え、その先？ ずっと踊ってると思いますよ 体が失くなっちゃってるかもしれないけど
惚れた！
ダンサー 近藤良平氏

つまり体は
魂の乗り物
なのです

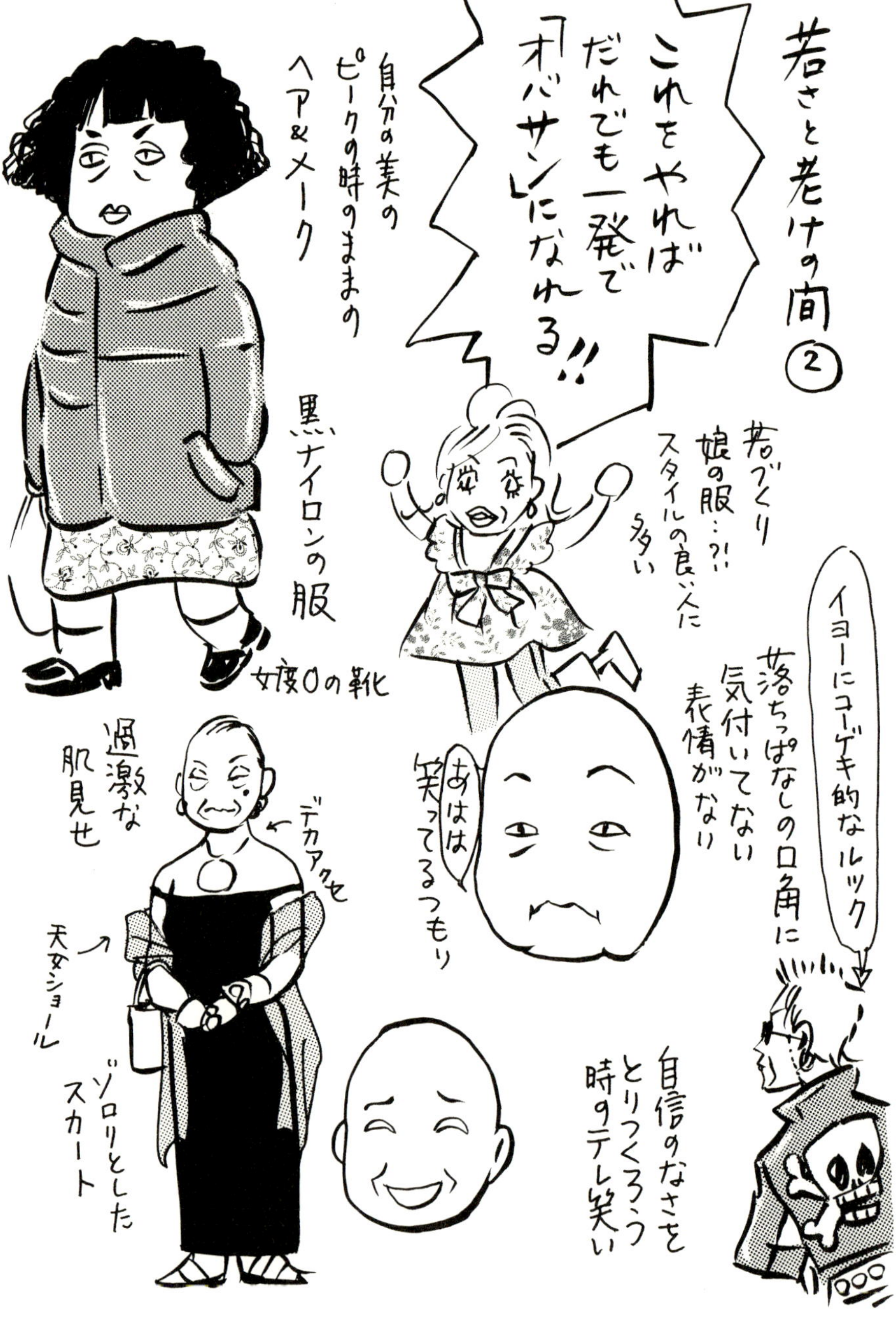
若さと老けの間②
これをやれば
だれでも一発で
「オバサン」になれる!!
若づくり
娘の服…?!
スタイルの良い人に
多い
自分の美の
ピークの時のままの
ヘア&メーク
黒ナイロンの服
女度Oの靴
イヨーにコーゲキ的なルック
落ちっぱなしの口角に
気付いてない
表情がなり
あはは
笑ってるつもり
過激な
肌見せ
デカアクセ
天女ショール
ゾロリとした
スカート
自信のなさを
とりつくろう
時のテレ笑い

だって!
人の話はきかない
でも…
つい〜
嫌!!
自分のせいじゃないらしい
この言葉が人を傷つけることがあるのを知らない
言い訳ばかりで無責任な世界観が丸見え
しょうがない
あきらめきっている?
めんどくさい
横着
生理的にダメ
中学生?
小花好き
かわいいと思ってるとこがブキミ。
不幸ヅラ
ブルッ
50すぎて堂々としてなかったら幸せそうでなかったら辛いす。
(周りも)

シャンプー前の地肌ケア

自分の好きな髪の長さというのがあります。

ここしばらく伸ばしていましたが、久しぶりに昔好きだった短さに戻そうと思いたちました。いつもの美容院の担当者のところにふらっと「今あいてる?」なんて立ち寄った。「ああ、そう切るの? 三年くらい伸ばしていたもんね」なんていいながら、彼女は切り始めたんだけど、途中で手が止まってしまったの。「あれっ」ていう。なんと、三年伸ばしている間に、髪の生え際の毛がいつも結んでいた方向に向いてしまい、毛流が変わってしまっていたのです。どうやらねじれ癖が出ているという。おまけに毛が細くなっている。ほったらかしにしていた間にたまったあらゆる問題が一斉に吹き出た!

結局、私の好きなベリーショートの短さには、今はできないという結論が出て、毛と毛流の状態が改善するまで中途半端な長さで我慢することにしました。このあいまいな長さが私は大嫌い。あいまいなヘアスタイルにしていると、どんなにかっこいい洋服を着てもだめなんです。いい服を着こなすためには、すっきりシンプルなヘアスタイルに限ります。ヘアスタイルによって、服がはえたりはえなかったり、全然違うものなんです。

そして薄毛のままではあまりにおそろしいから育毛・増毛作戦が始まりました。今やっているのはシャンプー前のブラッシングとオイルマッサージです。固めのブラシでよーく地肌に刺激を与えて汚れを浮かし、そのうえでオジョンというオイルを頭皮にすりこみます。オイルパッキングで蒸らして乾いている地肌をふにゃふにゃにしてから、お風呂に入ってシャンプーをする。オイルを使うと最低二度洗いはしないとダメですが。

中年期のヘアスタイルは難しいというけれど、本当にそう。

現実と向き合いすぎるとおばさんヘアになっちゃうし。理想を追いすぎるとボロが出る。毛が細くなってボリュームダウンしちゃうと、なかなか髪型が決まらないのです。だから、ある程度年をとると、あきらめてしまう人も多いように思います。でも、私はそんな簡単に妥協はしたくないのよォ。海外の街角ルポなどを見ると、ミラノのかっこいいネエさんは地毛を大切にした自分のスタイルを持っている。日本みたいに今年はエアリーですってみんな同じヘアスタイルってことがない。

おしゃれを楽しむためにも、地肌と髪の毛は大切にケアしたいものです。ストレスをためないってことも重要かもしれません。

若さと老けの間③
ある雑誌に出た時、ヘアメイクさんに言われました
雑誌に出る人はマイナス15歳でいかないと
そうか!
ええっっ!!
女優さんや業界の人が若いのは「こういう空気」の中で生きてるからだ!
だからアキムラさんは35でよろしく
アブタはプチ整形した方がいいですよ
あっ頭頂部が危いです

若く見えて当り前しーか
ハチがはってるねー
イメージづくりに一番大切なのはヘアスタイル
かっこいいんだまた
はっきり言う人好き〜
その瞬間「私の潜在意識が「うんコ」と言ったね
エイジングはどんなコースを選んでもOK!
その中で私は
自分の中味と見た目が一致しているのが気持ちいい!
一般女性のセルフイメージはマイナス7歳だそうです。
−15ルール
?

ハンドクリームを家中にばらまいておく

元気いっぱいの若い頃に過保護に自分をケアしても意味がないと思っています。お肌の曲がり角を迎えていないのに、高級クリームを塗りたくっても効果はないでしょう。危険の兆しがないのに、変にセーブして、仕事も生き方も中途半端な人いませんか？　そういう人は見ていてかっこ悪い。多分、本人もあとから後悔するのではないかしら。

世の中にあまりにたくさん出回っている情報に踊らされてしまっているのだと思います。そんなの、つまらない。危険信号が出るまで精一杯謳歌《おうか》する。そしてサインが出たら、ケアをする。それで十分だと思います。

とはいいながらも、ケアしないと、と気づいたときにはもう手遅れなのが手と首です。では問題が起きる前にどの程度のお金と時間をかけるべきか。私は、自分のなかの決まりゴトを作ってしまいました。首の手入れに関しては、顔のケアの延長でやる。特に首のケアとして独立して考えない。そして手に関しては、とにかくハンドクリームを気がついた瞬間付けること。私の右手は漫画を描く手、つまり仕事の手なので、よれよれになるのを見るのは、実は、そんなに嫌いじゃありません。指輪も右手にはつけないし、邪魔となったら爪だってバッチンバッチン切っています。必然的に右手はジュエリーが似合わない、ちょっとごつごつした、ペンの持ちすぎで中指がビミョーに曲がった、でも誇りを持てる手なんです。その分、左手は「きれいな女の人の手」にしたい！

そこで水回りには必ずハンドクリームを置くようにしました。台所、トイレ、洗面所、そして寝室、仕事部屋……いってみれば、家中、あらゆる所ですね。そして水を使ったり、ちょっと乾燥を感じた瞬間、すぐに付けるんです。いちいちどこかにクリームを取りに行かないと付けられない状況だと、つい付けそびれてしまう。「あとで付けよう」とか「ま、いっか」といったちょっとした心の油断が積み重なったときが一番怖い。

ハンドクリームと一緒に日焼け止めクリームも置いておきます。

手は自分の目の中にいつも入ってくるものです。ここがおざなりだとすごく悲しい気持ちになるでしょう。だから特別ではなく、普段のケアを怠らないというのがいい方法だと思います。とはいえ、手のケアを優先することで、好きな土いじりやぞうきん仕事を人に任せるのはイヤ。どろ遊びや水遊びって官能的で楽しいんだもん。手の感覚は大切にしたい。だから、そういうときは、クリームを塗ってから手袋をするという形で対応しています。本当はお皿を洗うときもそうしたいところですが（十和子スタイル！）、私はそこまで徹底できていません。

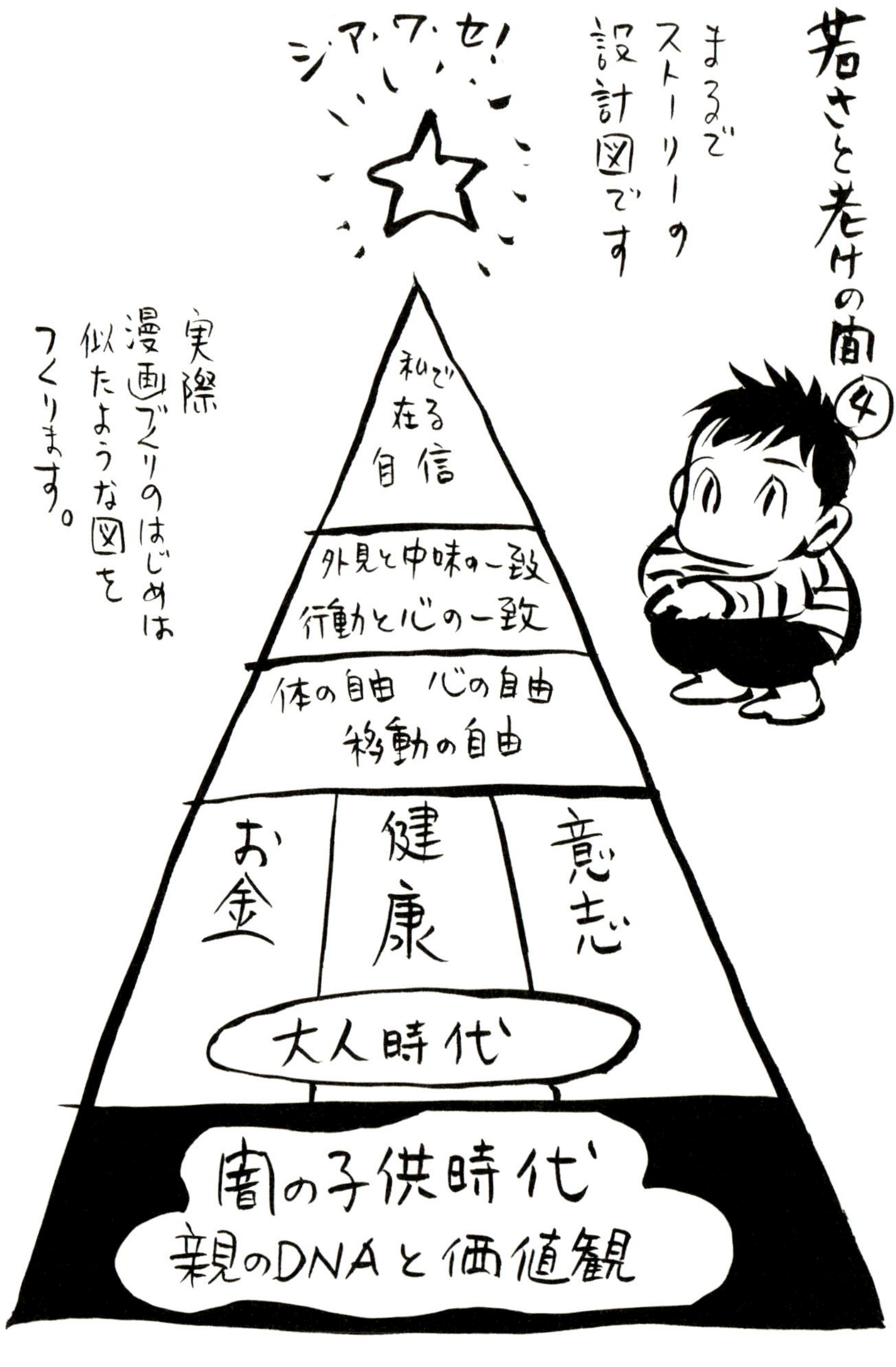
若さと老けの間④
まるでストーリーの設計図です
シアワセ!
実際漫画づくりのはじめは似たような図をつくります。
私で在る自信
外見と中味の一致
行動と心の一致
体の自由 心の自由
移動の自由
お金
健康
意志
大人時代
闇の子供時代
親のDNAと価値観

心が若くなければどんなに外見をいじってもダメと思いますわたくし
そして心が若いならどんどん肉体改造したらいい50すぎたら何してもだれもとがめませんっ！
ぶぶぶぶぶ

スチームで顔を引き締める

肌のシワとかシミに異常に関心の高い人がいますが、私はそういうディテールはそんなに気になりません。むしろ、顔全体のたるみ、そういうところに加齢を感じます。

顔の輪郭が人に与える印象はすごく大きいです。それは画《え》を描いているから、余計に強く感じることなのかもしれません。たとえば、顔の輪郭を描く線が〇・五ミリ下にずれただけで、その顔の印象はモタッと変わってしまうのです。キリッとした輪郭が美人の絶対条件だと、私は実感を持って思います。目は多少たれてもいいけれど、輪郭のたるみは美顔には致命的なんです。

そんなわけで、自分の顔に関しても、どうしたらたるみを防ぐことができるかを考えています。それは別の言葉でいえば、どうしたら顔を引き締め、引き上げることができるか。それに尽きます。

いろいろ試みましたが、最近はまっているのがスチームです。アシスタントの二七〜二八歳の子たちも、スチームを始めて肌にハリが出てきたといっています。効果は確実にあると思います。

毎晩寝る前に、四分から五分、首から上全体をスチームする。毛穴を十分に開いてからクレンジングをするイメージです。そして洗顔とマッサージを済ませたら化粧水で冷やします。

この際、つい忘れがちな首のケアも大切です。リンパがとどこおってしまうとカラダ全体、顔全体に影響しますから。シワができてから美容液をいくら使っても手遅れになってしまいます。

実はスチームを購入する前はホットタオルを顔にのせて、そのあと保冷剤をのせてという温冷刺激をやっていました。スチームだと、それが手軽にできるので、重宝しています。

仕事をしているときはどうしても下を向くので、顔の筋肉が落ちてくるんですね。仕事をすればするほどブスになる。こんな悲しいことが、世の中にあるなんて！　ＯＬさんのパソコンも同じではないでしょうか。画面は立てたほうがいいですよ。じっと下を向いていると、その分たれてしまう。

あごの線がたるんでくると、ショートヘアが似合わないということにも最近気がつきました。時にはあごの線を出して、客観的にフェイスラインをチェックしてみるといいかもしれません。髪の毛を伸ばしていると、ついついそういうラインにも目がいかないことも多いでしょう。さぼらないヘアスタイルは一石二鳥になるかもしれませんね。

カオ①
「美肌でりべ～んジ」
小さい頃から
かわいいと
言われたこともなく
りりしい、、
男の子っ、
キリリンコ！
11歳で
モテ系ではないと悟る。
特にモテなくても
マニアックな異性には
うけたし
こっちから好きに
なったら
行けばいいのだと
わかったし
……
よく考えたら
結婚したい
わけでもなかったので
親と神様から
頑丈な体を
さずかったこともあり
特にひどい
トラブルも
病気もなく
仕事一本槍
キムさんと
結婚し
ごくフツーの
肌ケアですんだ
感謝である
しかし
さすがに
44歳で
がくんっ
あかんっ!!
もうシミとか
シワとか
ディテールの
問題ではない
栄養不足と
タルミね♡

ビューティ
エステ
華
エステに緊急避難して
たて直しに1年
↗エステは風俗ではありません
モーレツに美容の勉強&
試行さくごの日々
今週はパック3本勝負!
ココがスッキリしてればOK!
シミについてはハトムギ茶や美容液で気長に…
ココ
ココ
ココ
ココ
表情ジワはOK♡
ちりめんジワはNO!
ファンデいらずの肌
高齢になればなる程形より肌で見られる
コツコツケアすれば
一生に一度ぐらい
キレイです
え…
言われたい。

24. ビューティー計画

ハリさえあれば、ファンデはいらない

私の基本のメークはコンシーラーとチークとマスカラでおしまいです。

一時期自分の教科書にしていたボビィブラウンのメーク本を参考にしています。この本には五分のメークとか三分のメークとかフォーマルのメークとかいろいろコースがあって、それを試してみると、メークは状況によって使い分けるものということがとてもよく理解できます。

三分、五分メークの場合、基本、ファンデは使いません。ファンデの代わりにチークを多用する。なぜファンデでなくチークかというと、相手を心配させるような血行の悪い顔色をケアしようという、気くばりの哲学です。メーク＝コミュニケーションというボビィブラウンの考え方がよく表れているといえます。

クマとシミにコンシーラーをパパッとのせて、目立たないようにする。そして血色をよく見せるようにチークを塗る。あとはマスカラ。マスカラの代わりに、その時の気分に合わせて眉を描くでもアイラインでもいい。自分の好きなものをアクセントとしてチャッチャッとつけておしまい。それだけで、不思議と、起き抜けのむくんだ感じがそこそこなく

なります。

ファンデを塗らないということに対しては、最初、そんな顔で外に出てしまって大丈夫かなってドキドキしました。でも今ではそのまま電車に乗って山手線内にも出没したりできるようになってしまいました。

軽いメークを成立させるためには、肌の質が大事になってくる。だから普段の基礎のお手入れが重要になってきます。

血色とツヤ。ハリ。柔らかさ。

以前、花王の工場にお邪魔した際、一〇年後の顔シミュレーションを見ました。もちろんシワやシミができたらショックだし、隠したいとは思うけれど、若いか老けかの分かれ目はシワでもシミでもなくてツヤにあることがわかりました。ツヤのある肌が、見た目の印象を若々しくするんです。だから基本のお手入れでは、どうしたらツヤのある肌をつくれるかがテーマです。結局、キメを作って整える。引き締める。たるませない。

素肌が乱れているということは、腸が汚れているということ。食生活がいかに肌のツヤにとって大切かということです。

五五になったらファンデーションを家から全部捨ててしまいたい！　つーか、今、捨てるか!?　うぅ〜ん……。

『ボビィブラウン　ビューティ　究極の美容バイブル』（日本洋書販売配給）

カオ②
どんなゴージャスでラグジュアリーな
エステサロンでも 街のエステでも
やることは決まってる
①ディープクレンジング
②マッサージ
③パック
これが基本で
あとはオプション
イオン導入
リフト
石こうパック
低周波
高周波
レーザー、
目うつり
大事なのは こっち
基本を おうちで しっかり できれば
大丈夫
マッサージは 5年後10年後に効く! 気長に…
スクラブ洗顔
泥系せっけん
酵素洗顔
Papawash
Dela
クレンジング
マッサージ
パック
cellcosmet
・血流マッサージ
・リンパマッサージ
・筋肉のマッサージ
・骨格マッサージ
パックは 即効性が あるので 思いたったら 気軽にやる
・保湿パック
・美白クレイパック
・塩はちみつパック
風呂場でできるもの そろえてます

基礎化粧品は
合成の界面活性剤が
入っていないもの
パラペン、鉱物油 香料
なども なるべく避けまする。
オリーブオイルで
クレンジング
して
ごらん
RUMIKOさん
岡江美希さん
かづきれいこ
先生
佐伯チズ先生
田中宥久子様
小林照子
先生
ローラ・メルシエ
からも
出てる
そうです
ミネラルの粉のみのファンデ
一度キチンと
美容の勉強を
するのが近道ね
IKKOさん
素晴しい先輩
たちが、おしげ
もなく教えて
くれる
時代。

ひとつのメークしかない女はかっこ悪い

漫画のなかで舞台に立つ主人公を描くとき、化粧の描き方が普段着の主人公とは異なります。眉毛《まゆげ》に微妙な角度をつけたり、ハイライトをのせたり、顔の陰影を少し濃く出したり……。普段顔と舞台顔は異なるのです。その違いを出すのがメーク。そういうちょっとした違いに敏感な人は、メークがどんどんうまくなるし、敏感でない人はメークをしてもステキに見えない。

つまり、ひとつのメークしかできない人は、いくらメークしても魅力的ではないといえます。たとえば昔からワンパターンのメークを何十年もそのまま踏襲している人を見かけたりしますが、そんなのメークとはいえないと思います。そうかと思えば、全然似合っていないのに、若い子に流行中のメークをそのまま真似して、顔がパールで光っていたり。それもメークとはいえない。

私が思うこれぞメークとは、その日の自分の気持ちや体調、顔色に合わせてチークの強さを変えてみたり、オケージョンに合わせてアイシャドウの色を変えてみる。そんなふうに自分の状態や目的によって微妙な力の入れ具合や色の重ね具合を調整できて初めて「メーク」になるんだと思います。

化粧オンの会社顔と化粧オフの自宅顔。毎日ワンパターンを繰り返すだけではもったいない。そもそもメークはコミュニケーションのためのものだから、自分のためにも相手のためにもなってないと失敗です。ルーティンで、おざなりのワンパターンでおしまい、ではなくて、状況に合わせてメークを変えてこそ、大人じゃないのかな？　ひとつのメークしかない女はかっこ悪い！

キレイって思わせてしまったら勝ちなんだから。そのあとどんなに化粧が崩れても男の人はそうそう気づかない(笑)。だからこそ、オケージョンに合った、いい印象を与えるメークをしたいですね。

私はメークする際、鏡に顔を近づけないようにしています。鏡の反対を向いて、ぱっと鏡を見て、ぱっとメークを施して、また反対を向く。そして次に鏡を見た一瞬の印象が大切です。そこでいい印象を残せるメークになっているかをチェックします。

客観的に自分の顔を見る。化粧のときも大切です。

細部にこだわるよりも、顔の全体の印象をチェックするほうが上級。そして難しい。

カオ③
自分にちょうど似合うメイクをしてないと
深い〜
刀のような眉
昔の口紅
カラコン こわい
ケンのある眉
汚い
オバサンの素顔…
カンペキメイクで見苦しい女
バカに見える
不器用に見える
社会性をうたがわれる…
ボビイブラウン メイクブック
・化粧のプロセスを分解して、
・自分に必要な順に並べ、
・下から順にやめてく作戦
これは私の順
やめちゃえ!
コンシーラー
大切
UV下地
ほほ紅
マスカラ
眉メイク
アイライン
ハイライト
アイシャドウ
リップメイク
ファンデーション
やめてもいい
なぜなら40代からは軽いメイクにしないと美しくないから〜〜

日々メイク実験室
UV下地 ほおべに マスカラ
でも もう元気
（元気なくても！）
目をコリコリ ギャル風
他はあっさり
顔の下半分だけメイク
これは意外といいフレッシュ
今日は3分メイク
ゲームにしたり
ヨーイドン!!
「毛」にこだわって あとは力を抜く
ワイルドに
口紅の色は肌になじんだ色さがす
色白さんはピンクベージュ
オークルさんはオレンジベージュ
ドレスアップの日は シャドウも ぬるよ
もってるよ
キモノの時はフルメイク
ポッテリマットに
着てるものとのバーランス
ザマス
プロセス抜くと抜け感出てかっこいーよ
化粧を引くってむずかしー
幻冬子
毎日同じメイクの人は頭が固い人にみえるよ～
それはいや～っ

下着は数よりも質にこだわる

日本のメーカーのものはサイズ設定が小さいし、弱いので使っていません。イタリア製だとブラが二万円から三万円、アンダーも一万二〇〇〇円なんていう世界。高いなぁとは思いますが、すごく頑丈なんです。五、六年間下着を買わない時期がありましたが、使い回しでOKでした。丈夫かどうか、それは下着選びで欠かせない基準だと思います。自分が買える金額に合わせて選ぶことは大前提ですが、安物を一〇枚買うところを一枚高いのを買ってみるとかチャレンジしてみるといいと思います。

丈夫ということでいうと、イギリスやドイツの下着も丈夫で使い勝手がいいです。質実剛健で、何万回洗濯しても大丈夫という顔をしています。黒とベージュしかバリエーションがないなど、お洒落《しゃれ》仕様では決してないのですが、つけ心地は最高。欧米のブランドは、つまりおしりや胸を絶対につぶさないんです。フロント、バック、そしてボディのサイドをきちんと捉えている。だからキレイに見える。前から見ると細く、横からみると厚みが出ている。日本製は概してフロントとバックの布をくっつけただけなので、カラダが窮屈に感じます。

あとは色の問題。イタリアのブランドは微妙な色合いの下着が豊富です。自分の肌が下着の色で映えるかどうかが大切だと思います。好きな彼といるときに、自分の肌がどれだけきれいに見えるか。それは必ずしも自分の好きな色とは限らないし、一人ひとり異なるもの。肌に合わせながら探してみるといいですね。

最近ははかなくなりましたが、一時期、ガーターに凝っていたこともありました。戦士がナイフと爆薬とライフルを装備してこれから戦いに行く……ガーターは女の子にとっての装備のように思うんです。肉を線で区切っていく見せ方のおもしろさがあります。ガチャガチャやりながら、気持ちを盛り上げていく。

ガーター用のストッキングにもはまりました。その独特感を一緒に楽しんでくれる彼だったらいいかもしれませんね。でもごく普通の弱虫男だったらドン引きしたりして⁉

イメージが強烈な小物たちは奥が深い。非日常的で装備感があって、背筋が伸びる効果がありそう。直接相手に見せなくても、つけているという意識があるだけで、周りには「今日の彼女、何かが違う」と思わせる効果もあるように思います。

とはいえ、こうした勝負服や勝負下着は、相手を見ないで自分だけの盛り上がりだけでやってしまうと失敗する。彼が笑って受け入れてくれればいいけれど、それは大きな賭《か》けです。そこの見極めが必要ですね、日本女子の場合。

カオ④
顔を囲む
ヘアの
色！・形！・ツヤ！
これをうまくやれば
肌もみちがえる♡
若い男子は
ヘアスタイルしか
認識できない
らしい。中味は
見えないとか……
ホント?!
若いムスメのヘアカタログ
どれも同じじゃん!!
A
A'
A"
外国の街頭スナップ見る方がいいと思うス。
自分の個性にあわせることすね
カラリングは
好き とか
憧れ より
肌色を
ひきたてる
色を
地肌ケアは大切
持ってる毛を
大事にしてね
若いのに
ウス毛多し…
……

シャンプー後はすぐにイオンドライヤーで地肌をかわかす
National
オイルパック・セットに
三原椿油
地肌に栄養も
WELEDA
Rosmarin-Haarwasser
ピアソン社の猪毛ブラシ
地肌マッサージ 気持ちいい〜!
秘密兵器
超チビウィッグ
のっけちゃん
しかし効果はデカイ
0
ふだんはね のっけません
1もりっ
あらたまる バランスよくなる
1もり"
2もり"
ドレスやきものには2ケつけ!

27. ビューティー計画

彼がいてもいなくても、豊かなセックスライフを

彼氏がいるのはいいこと。セックスがあるのはいいこと。でもセックスは相手がいなければできない。ないものはやっぱりない。いないときには「ない」のが当たり前でしょう。私がセックスとか性というときは、それは自分のなかの性的自分のことを考えます。

相手がいないからって自分が枯れる気がするという人がいるけれど、私はこういう考え方はよく理解できません。そういうものではないと思うから。相手がいようがいまいが、性的な自分はずっと自分の中にいる。女の人はみんな自分の性を持っているし、毎月頑張ってくれているでしょう。彼がいるか、いないか、さらには子どもを産んだ、産まないで優劣つけられてしまうような世間の価値観って馬鹿らしいなあと思います。そんなものになんといわれようと、私には豊かな性ライフがあると思っておけばいい。

自分の性を大事にすることで、彼がいなくたって綺麗な下着を常日頃から着けるようにすればいい。自分のことをうっちゃっておいて、彼氏が欲しいと口だけでいってる人よりずっとセクシーです。自分の女度を上げる工夫を自分ですればいい。豊かな性ライフって、そういう自分の意識の問題なんだと思います。いい人なんて二、三秒で目の前を通り過ぎ

てしまうから。その瞬間ググッと自分のほうにその人をひっぱってくる力を普段から準備しておかないと！

出会ったすれ違いざま、「この人！」とひらめくためにも、自分にとっての憧れとか「いい世界」によく触れておいたほうがいいと思っています。映画でも、本でも、漫画でもいいんだけど、そのなかで、ああ、私はこういうのが好きなんだという萌《も》えポイントを意識しておくと、その理想像がいざ目の前に現れたとき、「あ、この人！」とわかるでしょう。

ただ、アンアンのタレントランキングじゃないけれど、○○のファン、なんていっているのは最もダメ。もっと具体的にどこが好きなのか。なよんとしたところが好きとか、赤ん坊みたいな顔でオレ様みたいなことをいわれるとたまらないとか。恋をしたいなら自分の定規、色眼鏡を磨く。

性と色眼鏡を自分の武器にできれば、きっといい性ライフにつながると信じています。

カオ⑤

額ブチとしてのヘアを超カンタンに変えてしまうもの

それが帽子！

ヘレン・カミングスキーのやわらかいの好き

帽子はハードルが高い……とだれもが思っている

だからこそ 使いこなせば 効果は高い。

あっ

というまにバランスとれるし

大体オシャレ

紫外線も防げます

私がやめたい帽子
ハイキング？
セレブ？
あまりに、球体
おじ…タコ焼き？
ヨーチエン？
硬い！
ロボコップ？？
頭部を立体的に、顔を小さくみせるものを探すこと。
太いヘアバンド
バブーシュカ風
ビニールのレインハット
ニットのベレー帽
ハンチングは頭を立体的にみせるのでおススメ
キャスケットはぐっとうしろへ倒してかぶる
正位置でかぶるとオバチャン（銀座とかにいる）
辛口リボンが好みです BNNYで

カラダの「つまずき」をチャンスに変えていく力

単に「痩せたい」とか「キレイになりたい」という気持ちに衝《つ》き動かされるのではなく、もっとカラダを大切にしよう、そう思い始めたきっかけは四〇歳を過ぎて「つまずき」を経験してからでした。

それまで徹夜続きでさんざん不健康なことをしてきたのに堪《こた》えていなかったカラダが、急に、あれ、なんだか思い通りにいかないぞって気がつきました。まずはめまいが来た（あとから母と話して、めまいは親譲りだったということが判明したのですが）。

朝起きてベッドから立ち上がって歩こうとしたらいきなり世界がグルグルしちゃって本当に驚きました。自分ではまっすぐ歩いているつもりなのに、廊下の壁に頭をゴンとぶつけてしまったり。

プレ更年期でした。

近所の耳鼻科に行ったら、自律神経だけだから心配いりませんといわれ、薬を処方してもらいました。それまでこんな経験をしたことがなかったので、三半規管がちょっとおかしくなってしまうだけでこんなにカラダに影響があるなんて、なんておもしろいのかと思いました。ちょっと箍《たが》が外れただけで、移動の自由さえままならなくなるなんてすごい！

カラダを本気で大事にしないといけないと思い始めたのはそれからです。親が授けてくれた頑丈なボディとエンジンで、それまでただ突っ走ってきたけれど、どうやらこの先は、そんなふうにそのまま走ろうとしても、カラダが追いついてこないだろうなあということを、どこかではっきりと悟ったのです。

そういう目で周りを見てみると、世の中には私のように頑丈に生まれついた人間は意外に小数派だったということに改めて気づきました。若い頃から生命エネルギーが弱めで、虚弱体質の人も少なくない。生理が来ると、毎月寝込みますとか、朝、まったく食欲がありませんとか。

そういう人は普段から自分の体調の波を熟知していて、カラダと相談しながらケアをマメにしている。えらいよね〜。私のように「ある日突然の衝撃」を受けるケースはそうそうないみたいです。頑丈な人ほど突然ショックが訪れる。

あの時の衝撃は大きかったけれど、カラダの信号がきっかけになってカラダのことを考え始めることができた、と今は感謝しています。

カオ⑥
親娘
パンツ丸見え
ひきこもり
みなさん無防備すぎです〜〜
なぜ他者を無視できるっ？
ハナクソほってるのと同じだよ〜
自分に夢中は女を下げます
自分のみっともない姿をとり返しのつかない場所に発表されればいいんだッ
ギャ〜!!
模村さとるの今日もTHINKIN
私は「ブシコ」という雑誌にのった写真を見て「まったナシ!でやせる!」と決めたの

人にどう見られているかという
意識が低い
自分を客観視する力がない

ただただ
こう見られたーい
という
願いと欲が
あるだけ…
自分勝手

基本
笑顔で！

元気で
清潔で
肌と髪が
つやっとしてて
笑顔なら

ユーモアがあって
おしゃれであれば
言うことなし！

29. ビューティー計画

カラダのサインを基準にケアすればいい

そんなこんなで、プレに始まり、更年期障害とのお付き合いが始まりました。

一日、二日で止まることもありますが、春の訪れとともにめまいを感じ、のぼせたり……いろいろな変調が起きました。

頭をさわるとのぼせている。そのたびに今まで経験したことのないような新しい自分がいる。カラダっておもしろいです。ちょっと客観的に自分のことを観察してみると、好奇心も湧《わ》いてくる。のぼせるとき、どこからのぼせてくるんだろうとか、そのとき足はどうなっているんだろうとか。こっちに血が行っているのだったら、腰を回してこうすれば血がこっちに戻ってのぼせがひくのではないかとか……。

具合が悪いということは決して愉快なことではないけれど、一方でチャンスとして捉えることもできると思います。カラダが「ケアをしてくれ」とサインを出しているのだから、そのサインさえ信じていればいい。どちらかというと、それまでは思い出したようにしかカラダと向き合ってこなかったし、いつも場当たり的だった。でもこれを機に、思い切って全面的にカラダケアと取り組むことにしました。

カラダを大切にする、カラダを中心に据えて自分の生活を見直すという考え方は、自分の経験を振り返ってみると、四〇を過ぎてから始めても決して遅くありません。

私は更年期を経験して、人生や時間のことをずいぶん整理できました。自分にとって本当に大事なことだけに時間と労力を使うことができるようになったから。「これをやってよくなった」という他人の情報に惑わされることなく、自分のカラダの声を聴き取ることに敏感になりました。そのうち、具合が悪いから〇〇をやったら、肌の調子もよくなってきて、おまけに吹き出物までなくなっちゃった！　などというポジティブな連鎖も生まれ始めました。

場当たり的に、やみくもに、あれもこれもと手を出すよりも、カラダのサインに忠実に従ってケアをすればいいということがわかったことが収穫です。

もちろん、更年期に限ったことではありません。二〇代でも三〇代でもカラダが不安定なときは、それをチャンスと思えばいい。カラダが弱れば、自分の弱点、ウィークポイントがはっきりと自覚できるでしょう。サプリ選びも食べ物選びも自分の弱点に合わせて選ぶポイントがハッキリわかるようになる。

何も定規を持たないで選ぶのとは違うから、選ぶという行為自体がどんどん簡単に、そして確実になっていくはずです。

「ずらす」感覚で更年期を切り抜ける

一番私が嫌だったことは、生活が全部、更年期の「のぼせ」に引っ張られてしまうような状態に陥ることでした。これまでに自分が一生懸命積み上げて作ってきたものが、カラダの不調によって根こそぎ持っていかれてしまうのではないかという恐怖感を覚えたし、それはなんとも悔しかった。その状態だけはなんとしてでも阻止したいと考えたのです。

そこで私がやったのは、「ずらす」という感覚。

たとえばお腹が痛くなったとするでしょう。そうするといくら仕事があっても、胃の痛みにはかなわないから、仕事よりも痛み対処が優先される。そういうときに、あえて、痛みではなく、仕事を優先するんです。胃は確かに痛い、ごめんね、でも仕事はできるでしょうと、自分に言い聞かせる。

そんな、気持ちと痛みを「ずらす」という訓練を、比較的若い頃から無意識でやっていたので、更年期もその戦略で切り抜けたといっても過言ではありません。もし当時の自分に仕事がなかったり、締め切りがなかったりしたら、もしかすると、更年期にどっぷりはまってしまっていたかもしれません。それはわかりません。

そして仕事を持っていようがいまいが、基本的な考え方としてこれだけはいえると思います。つまり、カラダと心はくっついているから同じ反応を示すのは仕方のないことだけれど、心持ちを少し変えるだけで、結果は自ずと変わってくる。カラダも心も全部ひっくるめて悪いほうに向かってしまうのではなくて、切り離すことができるはず。洞察力や経験や客観視という武器で、いい方向に引っ張り上げることが必ずできるはずなんです。

カラダも心もみんなが一緒に憂鬱《ゆううつ》になってしまったら、つまらない一日になってしまうでしょう。それに、自分の悲しさ、辛《つら》さという負のオーラが周りの人を巻き込んでしまいかねない。そうすると人間関係まで壊れていく。悪循環！

どんよりしたオーラは自分が考えるよりも、ずっと周りの人を心配させてしまうものです。とはいえ、いくら隠そうとしても隠せるものではないから、むしろ客観視・達観視しようという意気込みくらいがちょうどいいと思います。

自分で自分を引っ張り上げるように仕向けていれば、周りもそれを理解してくれるはずだし、結果も自ずと変わってくると信じています。

美しいとは①
女の人ってだれでも自分のこと美しいと思ってる
チョイワルカメラマン氏
見破られたっ
こいつ男のくせに……
それを「思うだけ」や「自己満足」で終らせずに
わたしは美しい
美しいのよ
暗いよ?!
気分悪いの?
上手に表現できれば最高です
ただ憧れの人を真似るのではなく
現在の自分を土台にしなければ血肉にならないと思うのです

特に「気にいらない部分」は
往々にして
「魅力」となる
可能性のある所です
コンプレックス
魅力
まっ向とりくんで
いじりブせてみる
価値アリ
高校生作家ストーリーの打合せ中
私…毛深くて…はは
へえっ
毛深い女の人っていいよね
担当
え
あれっ!?
それ以後「毛」が好き
今の自分がどうなっていくか…です

美しいとは②
瞬間美女術
ななめ前髪
うすーい
シェイプアップキャミソール
効く!
笑顔♡
重ねな!!
Xラインをつくり
上にアクセント
肩をうしろに引くだけで
肩幅は1センチ小さくなる〜
さっそうと!
姿勢がよければ
美女!!
サ骨マッサージ20回
男の人が着られないものを着る、
ハイヒール
スカート
七分たけ
etc…
どこか肌みせする
うすいもの
ベージュ
先細
ハイヒール
(5.5センチ以上)

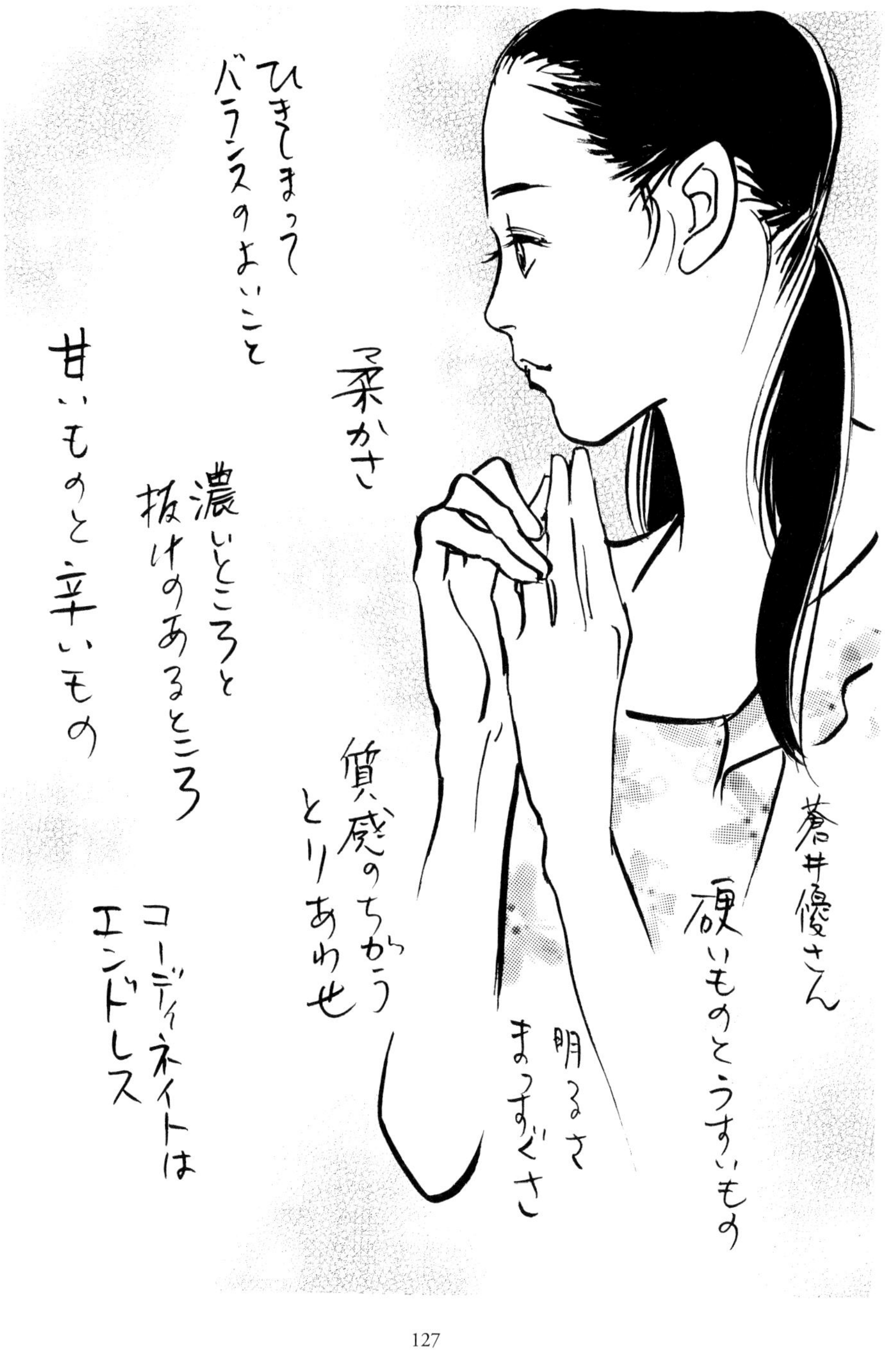
蒼井優さん
硬いものとうすいもの
明るさ
まっすぐさ
質感のちがう
とりあわせ
柔かさ
ひきしまって
バランスのよいこと
濃いところと
抜けのあるところ
コーディネイトは
エンドレス
甘いものと辛いもの

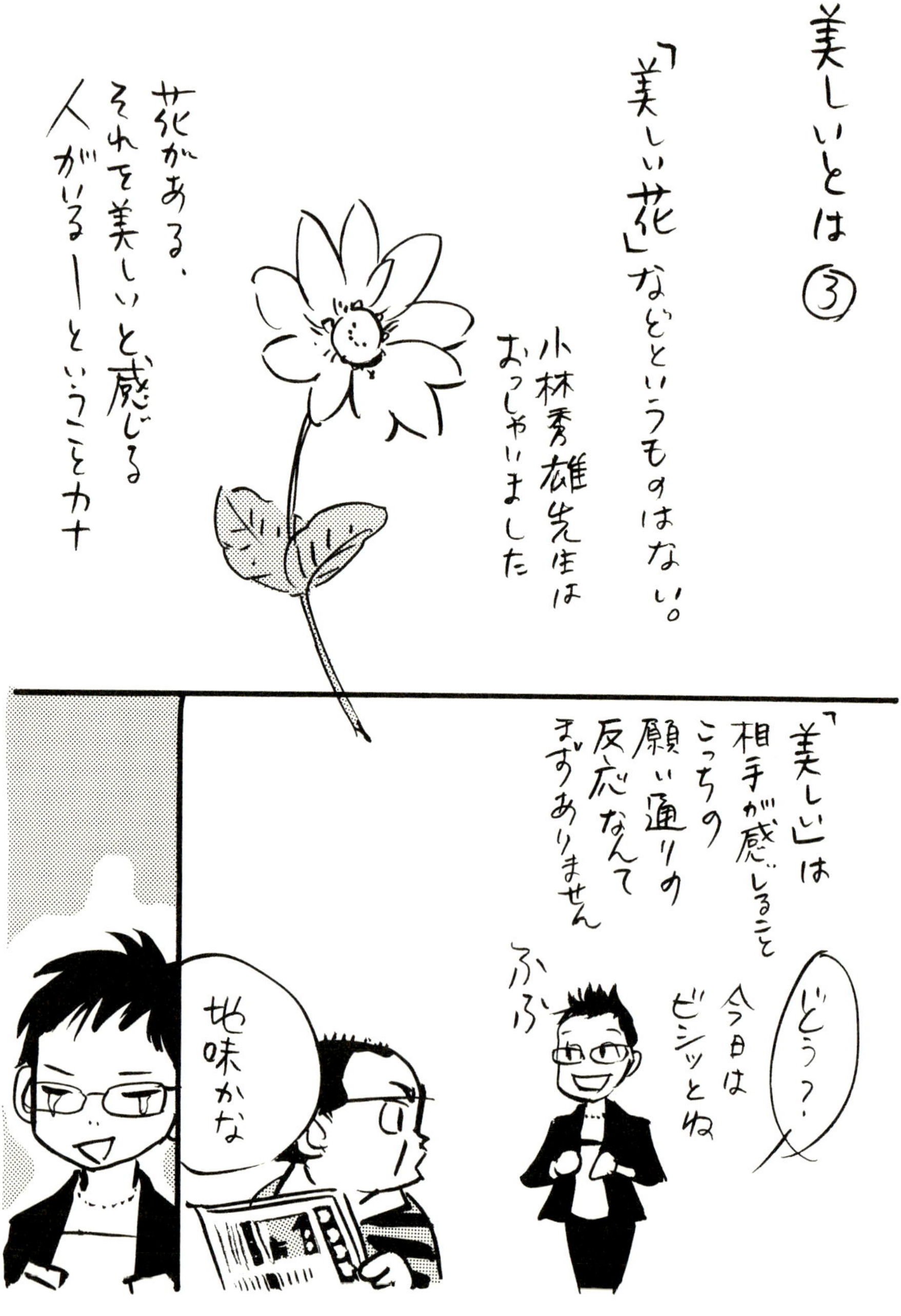
美しいとは③
「美しい花」などというものはない。
小林秀雄先生はおっしゃいました
花がある、
それを美しいと感じる
人がいる——ということカナ
「美しい」は相手が感じること
こっちの願い通りの反応なんてまずありません
ふふ
どう？
今日はビシッとね
地味かな

懸命に咲く

美しいとは④
わたし剥製ってダメなんです
ゼツメツヤマネコ
イミわかんね
人形も
ゲームも
カラッポっかなきがら…って感じが
風俗も
心と体とたましーがピタッとしてないと
生きてないと興味ない
ぎょっ
バラバラな人
体を
心を忘れた人
生きながらにして死んではなりません

エネルギーが
中でグオ〜って
回っている
内側から
発光している
輝き
私のこと?
動いて変化している
美しい♡

岡本羽加・著『毒出し脂肪燃焼ダイエットスープ　6つの野菜でいますぐできる　食べれば食べるほどやせられる　書き込み式即やせダイアリー付き』（主婦の友社）

ねえ
MBTシューズでお尻がUPしてきたよ
あとね 今日ね
歯のホワイトニングやってくる
仕・事・でだよ
すごいねえ
今度はいつまで続くやら
脂肪燃焼ダイエットスープ
それからこのスープ今夜つくるけど食べる？
MBTシューズ

カラダは自分でつくるもの

あとがき

スタイルコーディネーターの押田ひろみさんが、新しい服を買うということは明日を夢みることだと話していました。今持っている洋服だけで一カ月間着まわししろといわれれば、もちろんプロだし、できるけれども、それと新しい服を買うということは次元が違うというのです。新しいジャケットに袖を通して、明日の新しい自分のビジョンを頭のなかで描く。「これが欲しい」という気持ちは女の見栄であり、夢であり、潤いです。そしてそれ以上に服を買うという行為がそのまま明日を生きる、前向きに生きることにつながっているという話でした。

それを聞いたとき、ダイエットも同じだと思いました。

よりよい自分になりたい、明日の自分をイメージするからこそ、続けられるのだと思います。逆にいえば、イメージできなければ成功しないと思う。

女の人の変化したい、よりよい自分になりたいという成長欲はすごい。おしゃれは無駄とかバカなものは買うな、ダイエットなんてするな、なんて批判的な意見を耳にすることもありますが、私は、それはすごく後ろ向きな考え方だと思う。三年後の自分がキラキラしていられるように、「今」できることを精一杯する。そんな生き方が、女性をいつまでもステキに保つ秘訣だと断言できます。

なにをやっても変わらない、なんて諦めている人がいたら、それは大きな間違いです。「今さら」なんて言葉はありません。誰になんて言われても気にすることはない。生きている以上、いつも明日があるのだから。自分の明日に向かって始めてみればいい。それは必ず自分に返ってくるものだと思います。

私はそれを信じて、ずっと信じて、体とつきあってまいります。

前作『スタイル・ノート』から二年以上も経ってしまいましたが、やっとカラダ本を出すことができました。尻の重い私を励まし続けてくれた永島さん、大島さん、ありがとうございました。この本が読んだ人を笑わせて、何だこんなでいいんだ中年期は！　と思うキッカケになってくれればと願っています。

二〇〇八年五月

槙村さとる

3年後のカラダ計画

2008年6月10日　第1刷発行

著　者　　槇村さとる
発行者　　見城 徹

発行所　　株式会社 幻冬舎
〒151-0051 東京都渋谷区千駄ヶ谷4-9-7
電話 03(5411)6211(編集)
　　 03(5411)6222(営業)
振替 00120-8-767643

印刷・製本所　株式会社 光邦

検印廃止

Printed in Japan
ISBN978-4-344-01518-0 C0095

幻冬舎ホームページアドレス　http://www.gentosha.co.jp/

この本に関するご意見・ご感想をメールでお寄せいただく場合は、
comment@gentosha.co.jp まで。